LA LANG ELLE

Hannah Arendt

ETEROTOPIA FRANCE

rhizome

Association Culturelle Eterotopia France
9, rue du Docteur Paul Brousse
75017 - Paris (France)
E-mail: **rhizome@eterotopiafrance.com**
www.eterotopiafrance.com

ISBN: 979-10-93250-10-6

Diffusion et distribution: Pollen Diffusion

Traduit de l'anglais par Justine Audrain
Traduction par Alice Lotto (pour la préface de Hans Jonas).

Révision par Justine Audrain et Ben Matsas.

www.eterotopiafrance.com

Table des matières

PRÉFACE
DE TIZIANA VILLANI

Les deux textes de Hannah Arendt proposés, « Que reste-t-il ? La langue maternelle reste », entretien avec Günter Gaus paru à la télévision allemande le 28 octobre 1964, et « Compréhension et politique », paru en 1953, représentent une transition importante dans la pensée de cette extraordinaire intellectuelle par rapport aux thèmes du déracinement et au rôle de l'action politique. Le volume comprend également le beau texte de Hans Jonas, ami et lecteur attentif de Hannah Arendt, dans lequel il introduit et souligne les concepts les plus importants de son travail théorique.

Les thématiques qui sont ici abordées apparaissent d'une actualité brûlante et tracent l'original parcours d'ouvertures *multiples* sur le plan de la recherche intellectuelle, dans laquelle la *langue maternelle* révèle sa puissance créative, tout en permettant une liberté de pensée et donc d'action que d'autres langues, apprises par la suite, ne consentiraient pas. La langue maternelle reste donc la seule racine qui permet de vivre au monde, là où le monde est, selon Hannah Arendt, l'espace où l'on exerce la politique.

Cette édition propose une traduction entièrement renouvelée et attentive aux passages théorico-philosophiques contenus dans les textes originaux.

Pour les lecteurs de notre époque, ces textes fournissent des outils essentiels à la fois pour comprendre les procès historiques et affronter les métamorphoses que le politique propose dans les moments traversés par des crises profondes.

En ce sens, il faut entendre la critique de la métaphysique que Hannah Arendt développe afin de proposer une approche tournée vers l'engagement présent.

La « Ruine du sens commun » se répète à plusieurs reprises dans le travail de la théoricienne allemande. En effet, ce phénomène apparaît comme quelque chose qui traverse la modernité. En même temps, c'est exactement cette tendance qui permet de proposer d'autres lectures possibles du réel, qui continuent à se décliner de manière ouverte, comme peut-être l'aurait aussi vu Walter Benjamin dans *Le caractère destructif.*

En ce sens, il faut entendre la revendication d'Arendt, qui apparaît dans l'entretien avec Günter Gaus, par rapport à son extranéité à la philosophie. Cette affirmation vient souligner l'importance du monde en tant que milieu en relation aux formes de la pensée qui s'y expriment. Elle écrit ainsi dans *La vie de l'esprit* : « Il n'est rien au monde, ni personne, dont l'être même ne suppose un spectateur. En d'autres termes, rien de ce qui existe, dans la mesure où cette chose paraît, n'existe au singuler ; tout ce qui est, est destiné à être perçu. Ce n'est pas l'homme, mais les hommes, qui peuplent notre planète. La pluralité est la loi de la terre. »

AGIR, CONNAÎTRE, PENSER :
GLANAGE DE L'ŒUVRE PHILOSOPHIQUE DE HANNAH ARENDT

Hans Jonas

Hannah Arendt a été une des grandes femmes de ce siècle. Je pense être en accord avec elle si je parle de « femmes » et non pas de « penseurs » (seulement un aspect d'un tout) ou de « personnes » (une façon de fuir toute forme de caractérisation sexuelle). Son choix radical d'être ce que le hasard ou le destin avaient fait d'elle – fille de parents juifs-allemands très instruits, héritière d'une longue tradition intellectuelle et esthétique remontant jusqu'aux Grecs, dont elle enregistra l'érosion à l'époque moderne, passagère du navire du XXème siècle, victime et témoin de ses convulsions, amie de ceux qui ont partagé ce voyage et porteuse de ses cicatrices, femme belle et magnétique dotée de l'infaillible capacité de savoir distinguer entre amitié au masculin et au féminin – sa totale affirmation de tous ces aspects relatifs à sa condition humaine fait partie intégrante de l'image qui est visible derrière l'histoire de cette vie unique. Effectivement, elle possédait une forte féminité et par conséquent n'était pas féministe ("je ne veux pas perdre mes privilèges") ; elle aimait recevoir des fleurs, être accompagnée, avoir l'attention que les hommes réservent aux dames. D'ailleurs, elle considérait les hommes comme le sexe le plus faible, le plus éloigné d'une compréhension intuitive de la réalité, le plus sujet aux déceptions du concept, et par conséquent, le plus enclin aux illusions et le moins sensible à l'ambiguïté et du jeu d'ombre des relations humaines – et donc celui qu'il faut réellement protéger. Certes, dans son cas, la plus haute sensibilité féminine a pour résultat la plus grande solidité – sans plaintes, les personnes étant ce qu'elles sont. Quand j'avais la possibilité de l'interroger sur les jugements hâtifs et souvent tranchants qu'elle portait sur une personne, une action ou une situation, et que je lui demandais des explications, elle avait l'habitude de regarder ma femme et d'échanger avec elle un regard de compréhension mutuelle, de contrariété et de compassion, peut-être aussi de tendresse, tout en disant : « Ah, Hans ! ». Les dernières années seulement, à certaines occasions, j'ai osé lui poser la question, « Hannah, s'il te plaît, dis-le moi, est-ce que tu me trouves stupide ? » ; « Bien sûr que non ! » répondait-elle avec un air de scandale – et elle ajoutait ensuite, « je pense juste que tu es un homme ». Enfin, elle n'aimait pas changer d'avis.

Cela dit – et je ne pourrais pas éliminer complètement le rapport personnel – je m'en tiens à présent à la personne de Hannah Arendt en tant que penseure ou, de façon encore plus distante, je m'en tiendrai à sa pensée. Définir Hannah Arendt en tant que « grande penseure » ne signifie pas pour les contemporains prédire comment sa pensée résistera aux assauts du temps. Or, sa pensée a été fondamentale, pas seulement en raison de ses thèses, mais grâce à son pouvoir de contraindre à une réflexion active, et cela, nous autres aveugles contemporains, nous pouvons l'affirmer avec certitude. En effet, réfléchir sur ses thèses signifie aujourd'hui réfléchir forcément sur la manière dont elle les a conçues. J'essaierai ici, en partant de ses œuvres, de tracer les contours de cette pensée.

Hannah Arendt n'a pas laissé une « philosophie », elle n'a jamais eu cette ambition. Toutefois, une unité non systématique relie toute sa pensée. On peut le constater, au sein d'une œuvre si variée, à partir de différents points de vue. En accord avec la nature de mes intérêts et dans les limites de mes compétences, je me concentrerai sur la partie philosophique, plutôt que sur l'ensemble de sa pensée, et qui, du reste, a un droit légitime à se situer au cœur de ce colloque – sa pensée politique. Elle fut certainement proche de la politique dans sa réflexion philosophique au sens large, puisqu'elle était exclusivement intéressée par l'homme, animal politique en soi, mais pas seulement ; si l'on peut attribuer un nom à cette discipline qui s'occupe des questions fondamentales, appelons-là « anthropologie philosophique ». Son opus magnum sur ce sujet – l'œuvre la plus philosophique qu'elle ait jamais publiée – est *The Human Condition* (1958), *L'Humaine Condition*. De toute sa production, c'est sans doute l'œuvre au titre le plus ambitieux et la plus impressionnante par l'ampleur de sa portée. Même *Les Origines du totalitarisme*, œuvre encore plus imposante, paraît limitée en comparaison, au moins du point de vue du sujet traité. Et pourtant, l'ouvrage n'entendait raconter que la moitié de l'histoire. Il aurait été plus clair de l'intituler comme elle l'appelait en privé, au moment de sa rédaction, c'est-à-dire *L'Humaine Condition*, "Sur la vie active"[1] (*Vita Activa*) ; en effet cela appelle aussitôt son complément indispensable, à savoir la *vie contemplative*, la vie de la pensée. Il ne s'agit pas d'une simple conjecture, mais de quelque chose d'impliqué assez clairement dans le livre de 1958, au point d'inciter le lecteur à anticiper l'autre moitié, à un moment ou un autre. Ayant après tout intitulé la première partie *The Human Condition*, elle nous a fait comprendre que l'autre moitié, la vie contemplative trahissait ou dépassait d'une certaine manière et simultanément la condition humaine proprement dite – qui reprend, et qui sauve de l'oubli moderne, la prétention la plus ancienne et la plus grandiose que la philosophie ait héritée de Platon et d'Aristote. Quinze ans de productions étonnantes dans d'autres directions furent nécessaires avant que le hasard ne lui réserve l'invitation à prononcer des *Gifford Lectures* en 1973 et en 1974, lui faisant débuter sa dernière aventure. Naturellement, l'occasion extérieure ne fut pas tout : l'âge lui imposait l'urgence et le moment. « En politique j'ai seulement joué mon rôle – m'a-t-elle dit – rien de plus ; à partir de maintenant et pour le temps qui me reste, je m'occuperai des sujets qui vont au-delà des choses dont s'occupe la politique » - ce qui voulait dire : de philosophie. Et quand, à une date mémorable pour notre chronologie commune, nous en avons discuté ensemble, nous nous sommes dits presque à l'unisson qu'était arrivé le moment – étant donné la confiance, l'expérience acquise par une longue pratique de la recherche, la liberté par rapport à toute préoccupation de succès ou d'échec, d'acclamation ou de censure – d'aborder, enfin, ces sujets fondamentaux qui occupaient obscurément nos pensées à l'époque des jours lointains de notre com-

---

1. H. Arendt, *La condition de l'homme moderne*, Calmann-Lévy, Paris, 1983.

mune jeunesse, quand nous commencions à emprunter la voie de la philosophie. Pour reprendre l'expression populaire allemande, qu'on pourrait adopter ici, "Jetzt geht's um die Wurst" ("maintenant il faut y aller").

Le sujet choisi par Hannah Arendt pour les *Gifford Lectures*, *La vie de l'esprit*, devait comprendre trois parties : « Penser », « Vouloir », « Juger ». La première partie des cours, « Penser », fut prononcée à Aberdeen en 1973 ; elle avait entamé le cours inaugural de la deuxième partie « Vouloir » – entièrement élaborée –, quand, au printemps 1974, elle fut frappée par une première crise cardiaque. Mais, à l'automne de cette année, elle fut suffisamment rétablie pour reprendre son enseignement, et donc il se trouva que sous ce toit les deux parties élaborées pour Aberdeen, « Penser » et « Vouloir », furent prononcées par elle en deux semestres consécutifs à titre de leçons et séminaires ultimes. Si elle avait vécu plus longtemps, elle aurait poursuivi l'enseignement pour son dernier semestre consacré à la partie « Juger », qui n'était pas prévu pour les *Gifford Lectures*.

Je vous prie d'observer, par rapport au simple triptyque des titres, « Penser », « Vouloir », « Juger » – un contrepoint au triptyque « Travail », « Œuvre », « Action », présent dans *L'Humaine Condition* – que ce qu'elle incluait sous le titre *La vie de l'esprit* dépassait la *Vie contemplative,* qu'à l'origine elle pensait opposer à la *L'Humaine Condition* de son œuvre initiale. Seul « Penser » se serait placé sous le titre contemplation, sans doute ni « Vouloir » ni « Juger ». En effet, la nouvelle approche adoptée par Hannah Arendt par rapport à l'opposition classique entre vie active et vie contemplative, entre vie pratique et vie théorique, consiste en son remplacement par l'opposition, non sans rapport mais très différente et typiquement moderne, de l'homme au pluriel et de l'homme au singulier, de l'homme dans le monde et de l'homme seul avec soi-même. Sur ce sujet je vais expliquer à présent par des citations des deux œuvres, et pour ce qui concerne l'œuvre posthume, de la partie que je connais en détail, les leçons sur « Penser ». Ces cours, j'insiste, représentent son plus grand accomplissement philosophique, son entreprise la plus importante, et dépassent son formidable précédent *L'Humaine Condition* - comme, dans sa vision, la pensée dépasse l'action.

Ce que nous faisons

Commençons par *L'Humaine Condition*, non seulement parce qu'elle arrive en premier, mais parce que son sujet offre l'arrière-plan pour que et par rapport auquel la vie de l'esprit puisse être saisie dans ses spécificités. « Ce que je propose est donc très simple : rien de plus que de penser ce que nous faisons. 'Ce que nous faisons' : tel est bien le thème central de cet ouvrage. [...] L'activité la plus haute et peut-être la plus pure dont les humains sont capables, celle de la pensée, restera en dehors des présentes considérations. [...] Ce livre se borne donc à un essai sur le travail, l'œuvre et l'action »[2]. Elles sont considérées comme les « trois activités humaines fondamentales » qui constituent la *L'Humaine Condition*.

« Elles sont fondamentales parce que chacune d'elles correspond aux conditions de base dans lesquelles la vie sur terre est donnée à l'homme. Le travail est l'activité qui correspond au processus biologique du corps humain. [...] La condition humaine du travail est la vie elle-même. L'œuvre est l'activité qui correspond à la non-naturalité de l'existence humaine, qui n'est pas incrustée dans l'espace et dont la mortalité n'est pas compensée par l'éternel retour cyclique de l'espèce. [...] L'œuvre fournit un monde 'artificiel' d'objets. [...] C'est à l'intérieur de ses frontières que se loge chacune des vies individuelles, alors que ce monde lui-même est destiné à leur survivre et à les transcender toutes. [...] L'action, la seule activité qui mette directement en rapport les hommes, sans l'intermédiaire des objets in de la matière, correspond à la condition humaine de la pluralité. [...] Si tous les aspects de la condition humaine ont de quelque façon rapport à la politique, cette pluralité est spécifiquement *la* condition [...] de toute vie politique. [...] La pluralité est la

2. *Op. cit.*, p. 38.

condition de l'action humaine, parce que nous sommes tous pareils, c'est-à-dire humains, sans que jamais personne ne soit identique à aucun autre homme ayant vécu, vivant ou encore à naitre. Ces trois activités [...] sont intimement liées à la condition la plus générale de l'existence humaine : la vie et la mort, la natalité et la mortalité »[3].

Il faut faire attention. Avec « natalité » Hannah Arendt n'a pas seulement forgé un nouveau concept, elle a introduit une nouvelle catégorie dans la théorie philosophique traitant de l'homme. L'esprit réflexif s'est toujours occupé de « mortalité » et de la *meditatio mortis*, la méditation sur la mort, en ne s'éloignant jamais du centre de la pensée religieuse et philosophique. Or, le fait en revanche que chacun de nous est né et fait son entrée dans le monde comme nouveau venu, a été étrangement négligé dans la réflexion traditionnelle sur l'être[4]. Elle est en effet tout à fait consciente d'avancer quelque chose de nouveau lorsqu'elle déclare que « la natalité, par opposition à la mortalité, est sans doute la catégorie centrale de la pensée politique, par opposition à la pensée métaphysique »[5]. Par-là, elle veut dire que n'importe qui, vu qu'il s'agit d'un commencement, est soi-même un débutant potentiel, à savoir un être capable de commencer quelque chose de nouveau en agissant dans le monde.

À travers la parole et l'action, on s'insère dans le monde humain, et cette insertion est comme une deuxième naissance, dans laquelle on se confirme et on assume la dure réalité de notre apparence physique originale [...] Son impulsion vient du commencement qui correspond à notre naissance, et auquel on réagit en commençant quelque chose de nouveau

---

3. *Op. cit.*, pp. 41-42-43.
4. Je ne sais pas si Arendt a expressément relevé cette négligence ; cela m'a toujours frappé. Par exemple, tout ce que Descartes arrive à faire avec le fait gênant de la « natalité », il se résume dans l'observation maussade selon laquelle, ayant à débuter la vie comme des enfants, c'est-à-dire sans que nos facultés critiques soient développées, nous nous retrouvons bourrés par nos professeurs d'opinions ininterrogées et souvent fausses – un handicap que le « doute radical » devra ensuite surmonter (*Discours sur la méthode* 2).
5. *Op. cit.*, p. 43.

de notre propre initiative. Agir, dans son sens originaire, signifie prendre l'initiative, commencer, [...] mettre en branle quelque chose [...] Étant donné que les hommes sont *initium*, nouveaux venus et débutants grâce à la naissance, ils prennent l'initiative, ils sont prêt à l'action [...] [L'apparence de l'homme au monde était] pas le début de quelque chose mais de quelqu'un, qui est à son tour débutant. Avec la création de l'homme, le principe du commencement entra dans le monde même, et ceci est, évidemment, une autre façon de dire que le principe de liberté a été crée avec la création de l'homme [...] Le fait que l'homme est capable d'action signifie que l'on peut s'attendre l'inattendu de lui [...] Tout ça est possible seulement parce chaque homme est unique et avec chaque naissance vient au monde quelque chose de nouveau dans son unicité »[6].

Ce privilège est clairement à double tranchant, cause non seulement de fierté mais aussi de danger pour les affaires humaines. « La fragilité des institutions et des lois et généralement de tout ce qui a trait à la communauté des hommes provient de la condition humaine de natalité ; elle est tout à fait indépendante de la fragilité de la nature humaine »[7]. D'ailleurs, en réponse à la mélancolique sagesse de l'*Ecclesiaste*, elle affirme : « Sans action pour introduire dans le monde le renouveau dont chaque homme est capable par droit de naissance, 'il n'y a rien de nouveau sous le soleil' ; sans parole pour matérialiser et rappeler [...] les choses qui apparaissent et jettent leur éclat, 'il ne reste pas de souvenir' »[8]. Hannah Arendt était intensément imprégnée de l'espoir qui résulte de la natalité. Quand il lui arrivait de rencontrer, au milieu d'une cérémonie, un jeune homme manifestant dans sa conversation quelque chose ressemblant à un nouveau commencement caractéristique de ce qui est éternellement *humanum*, elle me lançait un coup d'œil entendu et me chuchotait plus tard une de ses citations préférées de Goethe : « Puisque la terre recrée les hommes comme ils ont été créés »[9].

6. *Op. cit.*, pp. 233-34.
7. *Op. cit.*, p. 249.
8. *Op. cit.*, p. 265.

J'espère qu'aucun des étudiants ici présents ne se sentira méprisé si je confie la façon dont elle les appelait entre nous – pas individuellement mais en tant que catégorie – "les enfants" (jamais *mes* enfants) ; elle n'eut jamais d'attitude condescendante.

Revenons à *L'Humaine Condition*. J'ai fait des citations du chapitre subséquent sur « l'Action ». Que dire du « Travail » et de « l'Œuvre » ? Le travail affronte la nécessité immédiate, organique, des êtres vivants, et qui ne laisse aucune trace dans le monde. C'est la forme - en effet, une forme spécifiquement humaine - du métabolisme de nos corps, individuels et collectifs, avec la nature, et qui, à ce titre va, si je puis dire, de la main à la bouche.

C'est pourquoi le travail, contrairement à ce que Marx affirmait, n'est pas l'activité qui crée le monde. Ses produits sont consommés dans le cycle de la vie elle-même qui lui donne l'impulsion, afin que la vie puisse continuer. L'homme est par nécessité un *animal laborans*. Hannah Arendt développe des thèses brillantes en rapport à la croissance toute moderne du travail, de la condition la plus basse au plus haut rang de la hiérarchie humaine, dès lors que la catégorie de l'œuvre a été absorbée par celle du travail, et à propos de ce que ce renversement de la hiérarchie classique signifie pour l'auto-compréhension de l'homme[10]. Toutefois, je voudrais me concentrer sur un sujet philosophiquement plus riche, l'œuvre. Puisque il se réalise dans des œuvres qui survivent au procès de production et au producteur même, c'est sans doute l'activité même qui édifie le monde. Elle crée le monde des *choses* faites-par-l'homme, le monde fabriqué par l'*homo faber*, nécessaire à l'établissement humain et à l'espace public commun. « Vivre ensemble dans le monde : c'est dire essentiellement qu'un monde d'objets se tient entre ceux qui l'ont en commun, comme une table est située entre ceux qui s'assoient autour d'elle »[11]. Il faut observer comme cette remarque extrêmement simple va au-delà de ce que Heidegger a à dire à propos de la "mondanéité" (*Weltlichkeit*) du monde.

9. J. W. Goethe, *Faust*, II acte troisième.
10. *Op. cit.*, p. 88.
11. *Op. cit.*, p. 92.

De plus, il est constitué de tables, marteaux, maisons, charrues, mais ceux-ci sont inclus dans la catégorie « d'instrument » ou « d'outil » (*Zeug*), et la mondanéité du monde consiste fondamentalement à former un contexte de référence (*Verweisungszusammenhang*) des choses utilisables. Heidegger ne s'occupe de mettre en évidence ni l'artificialité, ni la durabilité, ni le caractère spécifiquement communautaire de ce réseau pratique. D'après Hannah Arendt le monde des choses créées-par-l'homme possède quelque chose en plus d'une simple fonction utilitaire : c'est (sans aucune mystique de la « chose ») l'habitat humain authentique, construit pour durer et pour protéger, qui s'interpose non seulement entre l'homme et la nature, mais aussi entre l'homme et l'homme ; dans ce dernier cas, il sépare et réunit en même temps, comme la nourriture sur la table. L'ensemble de ce monde des choses, dans lequel on demeure, et qui est l'œuvre de l'homme, on l'appelle « monde artificiel humain d'objets » – sa chosalité, qui est partagée, nous offre la garantie de son objectivité, tandis que sa persistance assure la continuité au-delà de la brièveté des vies individuelles.

Mais s'il appartient à la nature de l'opérer de laisser des œuvres derrière soi, et si l'utilité n'est pas le sens exclusif de la production artificielle humaine, l'œuvre d'art devient alors une partie de la production de l'opérer. Pour les Grecs, tout ceci aurait été évident. Les artistes qui opèrent avec leur mains - comme les sculpteurs et les peintres - étaient pour cette raison considérés comme *banausoi*, mais même le terme de « poète » vient du « faire », qu'Aristote distingue fondamentalement du verbe « agir ». Pour l'esprit moderne et son exaltation quasiment métaphysique de l'art, l'inclusion de l'activité artistique dans les catégories de « l'opérer » n'est pas évidente et je crois que cela a été une cause de difficultés pour Hannah Arendt elle-même, en particulier par rapport à la manière dont elle aurait établi un classement, le cas échéant, de l'activité spécifiquement moderne de l'invention (technologique) : difficultés générées par son caractère *innovateur*, qui manquait à l'art comme aux artisans de l'antiquité - un genre de créativité transcendantale qui n'entre pas facilement dans les rubriques de son modèle. Toutefois nous avons ici, en relation avec le « Travail » et non sous la forme la plus élevée de la vie active, « l'Action », que Hannah Arendt traite de « l'œuvre d'art ». Mais pour ce faire, elle est obligée d'aller au-delà des conditions posées par ce livre et de s'approcher pour la première fois de « la pensée, l'activité pure », qui tendait à rester « négligée ». Voilà comment elle établit la connexion, dans le chapitre où elle aborde « La permanence du monde et l'œuvre d'art » :

« La source immédiate de l'œuvre d'art est l'aptitude humaine à penser. [...] La pensée est apparentée au sentiment et en métamorphose le muet désespoir afin qu'il soit rendu digne d'entrer dans le monde, transformé en chose, réifié. [...] Une faculté humaine qui, de nature, est communicative, ouverte au monde, transcende et libère de son emprisonnement dans le soi une intensité passionnée qu'elle donne au monde »[12].

En illustrant le rôle de la pensée dans la genèse de l'œuvre d'art, Hannah Arendt anticipe toutes les distinctions importantes qui feront l'objet de l'œuvre ultérieure dédiée à la pensée. « Penser est autre chose que connaitre »[13]. La pensée est la *source* de l'œuvre d'art exactement comme la cognition est la source des œuvres aptes à l'usage. Toutes les deux ont, à côté de ces manifestations transformées, aussi leurs manifestations non transformées. « La pensée, source des œuvres d'art, se manifeste sans transformation ni transfiguration dans la grande philosophie, tandis que la principale manifestation des processus cognitifs, par lesquels nous acquérons et accumulons des connaissances, se trouve dans les sciences »[14]. On voit alors que la métaphysique (qui est dans une large mesure la « grande philosophie ») comporte une grande affinité avec l'art, comme la science avec les artisans (ou avec la technologie). L'affinité réside dans la source commune mentale - dans un cas la pensée, dans l'autre la cognition :

12. *Op. cit.*, pp. 223-24.
13. *Op. cit.*, p. 226.
14. *Ibid.*
15. *Ibid.*

« La cognition poursuit toujours un but défini [...] mais dès que ce but est atteint, le processus cognitif s'achève. La pensée, au contraire, n'a fin ni but hors de soi : elle ne produit même pas de résultats ; [...] la pensée est 'inutile' - aussi inutile, en effet, que les œuvres d'art qu'elle inspire »[15].

« L'activité de penser est aussi incessante, aussi répétitive que la vie, et la question de savoir si la pensée a un sens se ramène à l'énigme sans réponse du sens de la vie ; [...] la cognition appartient à tous les processus d'œuvre [...] comme la fabrication. [...] Les processus cognitifs en sciences ne diffèrent pas fondamentalement du rôle de la cognition en fabrication ; les résultats scientifiques produits au moyen de la cognition s'ajoutent à l'artifice humain comme les autres objets »[16].

– ce qui soulève aussitôt la question : qu'est ce qui se passe par rapport aux manifestations de la pensée « dans chaque grande philosophie » ? Ont-elles enrichi quoi que ce soit ? Dans l'affirmative, quoi et en quel sens ? On reviendra sur ces questions en un sens posées par Hannah Arendt.

Traduction de *Handeln, Erkennen, Denken. Zu Hannah Arendts philosophischem Werk*, in « Merkur », 10, 1976, pp. 921-933.

---

16. *Op. cit.*

Que reste-t-il ? La langue maternelle reste
Une conversation de Hannah Arendt avec Günter Gaus

La conversation qui suit entre Hannah Arendt et Günter Gaus, alors journaliste célèbre avant son investiture au sein de l'administration de Willy Brandt en tant que haut fonctionnaire, fut diffusée sur une chaîne de télévision ouest-allemande le 28 octobre 1964. L'interview reçut le prix Adolf Grimme et fut publiée l'année suivante sous le titre « Was bleibt ? Es bleibt die Muttersprache ? » dans le recueil édité par Günter Gaus et paru en 1965 à Munich sous le titre Zur Person. *La traduction anglaise est de Joan Starnbaugh.*

Günter Gaus introduit la conversation en soulignant que Hannah Arendt est la première femme à prendre part à la série d'interviews qu'il réalise alors ; propos qu'il nuance immédiatement en notant qu'elle occupe une « position très masculine » en tant que philosophe. S'ensuit une première interrogation sur « son rôle dans le cercle des philosophes » : perçoit-elle comme inhabituel ou singulier la reconnaissance et le respect dont elle est l'objet, parce qu'elle est une femme ? Hannah Arendt répond :

Je crains de ne devoir m'élever contre cette affirmation. Je n'appartiens pas au cercle des philosophes. Ma profession, si tant est qu'on puisse parler de profession, est la théorie politique. Je ne suis pas plus philosophe que je suis acceptée dans le cercle des philosophes, contrairement à ce que vous suggérez aimablement. Mais pour répondre à votre première question soulevée en introduction : vous affirmez qu'il est communément admis que la philosophie est une profession masculine. Mais nul besoin qu'elle le demeure ! Il est tout à fait possible qu'une femme devienne un jour philosophe…

Günter Gaus : Je vous considère comme une philosophe.

Hannah Arendt : Et bien, je ne peux pas vous en empêcher, mais de mon point de vue je ne suis pas une philosophe. De mon point de vue, j'ai fait une croix sur la philosophie une fois pour toute. Comme vous le savez, j'ai étudié la philosophie, mais cela ne signifie pas que je sois restée philosophe.

Günter Gaus : Plus précisément, j'aimerais savoir la différence que vous faites entre philosophie politique et votre travail en tant que professeure de théorie politique.

Hannah Arendt : L'expression « philosophie politique », que j'évite d'utiliser, porte en elle le poids de la tradition. Sur ces sujets, lorsque j'en parle, que ce soit dans un cadre académique ou non-académique, je souligne toujours la tension vitale qui existe entre la philosophie et la politique. C'est-à-dire qu'il existe une tension entre l'homme, être doué de pensées, et l'homme, être d'action, qui n'existe pas dans une philosophie comme la philosophie de la nature par exemple. Comme tout le monde, le philosophe est capable d'être objectif au regard de la nature et sa pensée est alors celle de l'humanité toute entière. Mais point d'objectivité ou de neutralité en matière politique. Pas depuis Platon !

Günter Gaus : Je comprends où vous voulez en venir.

Hannah Arendt : À quelques exceptions près, il existe de la part des philosophes une sorte d'hostilité à l'endroit de la politique. Kant est une exception. Cette hostilité est centrale dans cette question dans la mesure où il ne s'agit pas d'un enjeu personnel. Elle tient à la nature même du sujet.

Günter Gaus : Souhaitez-vous ne pas avoir affaire à cette hostilité pour éviter qu'elle n'interfère dans votre travail ?

Hannah Arendt : « Je ne veux pas avoir affaire à cette hostilité », c'est tout à fait cela ! Pour ainsi dire, mon souhait est de pouvoir regarder la politique avec des yeux purs de toute philosophie.

Günter Gaus : Je comprends. Maintenant revenons-en à la question de l'émancipation des femmes si vous le voulez bien. Cela a-t-il représenté un problème pour vous ?

Hannah Arendt : Oui, bien sûr ; il y a toujours un problème en tant que tel. J'ai été plutôt vieux jeu à vrai dire. J'ai toujours pensé qu'il y avait certains métiers qui étaient impropres aux femmes, qui ne leur convenaient pas, si je peux m'exprimer ainsi.

Une femme donnant des ordres n'est pas plaisante à voir. Si sa volonté est d'être féminine, elle devrait faire en sorte de ne pas se retrouver dans cette situation. Que j'aie tort ou raison, je ne le sais. Moi-même, j'ai toujours vécu, plus ou moins inconsciemment, en accord avec cette idée – ou, qu'on se le dise, plus ou moins consciemment. À titre personnel, ce problème n'a joué aucun rôle. J'ai tout simplement toujours fait ce que j'aimais faire.

Günter Gaus : Votre travail – que nous aborderons plus précisément par la suite – s'attache pour une large part à la connaissance des conditions dans lesquelles se forment l'action et les comportements politiques. Votre souhait est-il que vos travaux puissent exercer une influence sur une large audience, ou pensez-vous qu'une telle influence n'est plus possible à notre époque, quand bien même cela aurait de l'importance pour vous ?

Hannah Arendt : Vous savez, ce n'est pas une question simple. Pour être tout à fait honnête, je dirais que lorsque je travaille, l'impact que mon travail peut avoir sur les gens m'importe peu.

Günter Gaus : Et lorsque vous avez terminé ?

Hannah Arendt : Alors, j'ai terminé. Ce qui m'importe est de comprendre. Pour moi, l'enjeu dans l'écriture est la recherche de cette compréhension, qui est une partie intégrante du processus de compréhension… De cette façon, certaines choses parviennent à être formulées. Si j'étais capable de mémoriser tout ce que je pense, alors, connaissant ma propre paresse, je doute fortement que j'eusse écrit quoi que ce soit. Ce qui m'importe est le processus de pensée. J'éprouve une certaine satisfaction au seul fait de penser quelque chose en profondeur. Et si je parviens ensuite à retranscrire correctement ce processus mental à l'écrit, alors j'en suis tout aussi satisfaite.

Mais vous m'interrogez sur l'impact que mon travail a sur les autres. Pour ironiser, je dirais que c'est une question masculine. Si la question de l'influence est terriblement importante pour les hommes, je vois plutôt cela comme une notion extérieure à ma recherche. Est-ce que j'imagine exercer une influence ? Non. Ce que je veux c'est comprendre. Et si les autres comprennent - de la même façon que j'ai compris - cela m'apporte une forme de satisfaction du même ordre que le sentiment de me trouver en terrain familier.

Günter Gaus : Avez-vous des facilités pour l'écriture ? Parvenez-vous à formuler des idées facilement ?

Hannah Arendt : Parfois oui, parfois non. Mais d'une manière générale, je peux dire que je n'écris que ce qui est parfaitement clair dans mon esprit.

Günter Gaus : De sorte que vous y ayez déjà réfléchi ?

Hannah Arendt : Oui. Je sais exactement ce que je veux écrire. Je ne commence pas à écrire avant de le savoir et en général, cela vient d'une seule traite. Et cela va relativement vite puisque cela ne dépend que de la vitesse à laquelle je tape.

Günter Gaus : Votre intérêt pour la théorie, l'action et les comportements politiques est aujourd'hui au cœur de votre travail. Dans cette perspective, votre correspondance avec le professeur Sholem semble du plus grand intérêt. Vous y écrivez en effet, si vous me permettez de vous citer, que vous « n'étiez intéressée, dans [votre] jeunesse, ni par la politique ni par l'histoire. » Madame Arendt, vous avez fuit l'Allemagne en 1933 car vous étiez juive. Vous aviez alors 26 ans. Votre intérêt pour la politique - ou pour ainsi dire la fin de votre indifférence pour ce sujet et pour l'histoire – est-il lié à ces événements ?

Hannah Arendt : Oui, bien évidemment. L'indifférence était devenue impensable en 1933. Ce ne l'était pas même auparavant.

Günter Gaus : C'était aussi votre cas ?

Hannah Arendt : Oui, bien sûr. Je lisais assidûment la presse, et je me suis forgée une opinion. Mais je n'ai pas adhéré à un parti et je n'en ai pas même ressenti le besoin. Dès 1931, j'avais acquis la ferme conviction que les Nazis prendraient les armes. Bien que j'en débattisse souvent avec de nombreuses personnes, cela ne devint véritablement un sujet de préoccupation pour moi que lorsque j'émigrai.

Günter Gaus : Il me vient une autre question à propos de ce que vous venez de dire : si vous étiez convaincue qu'on ne pourrait empêcher les nazis de prendre le pouvoir, n'avez-vous pas ressenti le besoin de vous engager activement pour l'empêcher, en rejoignant un parti par exemple, ou bien pensiez-vous que cela n'avait déjà plus de sens ?

Hannah Arendt : À titre personnel, je pensais que cela était dénué de sens : bien qu'il soit difficile d'en juger rétrospectivement, je pense que, si j'y avais trouvé un sens, j'aurais cherché à faire quelque chose. Mais alors je pensais que c'était sans espoir.

Günter Gaus : Gardez-vous en mémoire un événement particulier qui aurait marqué votre tournant vers le politique ?

Hannah Arendt : Je dirais que c'était l'incendie du Reichstag, ce 27 février 1933, et toutes les arrestations illégales qui s'ensuivirent cette même nuit. Et la prétendue « détention préventive » qui, comme vous le savez, consistait en réalité à enfermer les gens dans les prisons de la Gestapo ou à les envoyer dans des camps de concentration. Ce qui se mit en place alors fut monstrueux, mais fut éclipsé par ce qui se passa ensuite. Ce fut un choc immédiat pour moi, et à partir de ce moment je me sentis responsable. Je ne pensais plus que l'on pût se contenter d'être simple spectateur. J'ai tenté d'aider de toutes sortes de façons. Mais ce qui m'a vraiment décidé à partir d'Allemagne… mais je ne sais pas si je dois en parler, ne m'en étant jamais expliqué car cela n'a eu aucune incidence sur la suite des événements.

Günter Gaus : Je vous en prie, racontez.

Hannah Arendt : Je tentais d'émigrer de toute façon. Suite à ces événements, ma pensée fut immédiatement que les Juifs ne pouvaient pas rester en Allemagne. Je ne souhaitais d'aucune façon devenir un citoyen de seconde zone, fuyant d'un pays à un autre aux frontières de l'Allemagne. D'autant plus qu'il m'apparaissait clairement que les choses n'iraient qu'en empirant. Toutefois, mon départ ne fut pas aussi paisible, ce qui, je dois l'avouer, m'apporta une certaine satisfaction. Je fus arrêtée et dus quitter le pays clandestinement – je vais vous dire comment dans un instant – cela fut pour moi une gratification instantanée. Il me semblait qu'au moins, j'avais fait quelque chose et qu'en quelque sorte, je n'étais pas « innocente » ! Et personne ne pourrait me le reprocher.

Ce fut l'organisation sioniste qui m'en donna l'opportunité. Certains de ses dirigeants étaient des amis proches, et en particulier Kurt Blumfeld, qui en était alors le président. Mais je n'étais pas sioniste et ils n'ont pas tenté de me convertir. Ils ont toutefois exercé une certaine influence sur moi, en particulier avec l'analyse critique ou plus exactement la disposition à l'auto-critique qu'ils avaient développée au sein du peuple Juif. Cela m'impressionnait et m'a influencée, mais pas sur le plan politique. Dans ce domaine, je n'avais rien à faire avec le sionisme. Ce fut alors, en 1933, que Blumfeld et une autre personne que vous ne connaissez pas, m'ont approchée pour me parler d'un travail de collecte de tous les propos antisémites entendus dans des circonstances ordinaires comme par exemple dans les associations, toutes sortes de corporations ou de revues à vocation professionnelle – en résumé, tout ce qui demeure inconnu à l'étranger. À cette époque, la mise en place d'une telle collecte se résumait à s'engager dans une « propagande de l'horreur » comme les nazis l'appelaient. Aucun sioniste ne pouvait le faire car s'il s'était fait prendre c'était toute l'organisation qui aurait pu être exposée...ils m'ont alors demandé « Pourrais-tu le faire ? » et j'ai répondu « Bien entendu ». J'étais enchantée. D'une part, l'idée me semblait intelligente et d'autre part, j'avais enfin le sentiment qu'après tout quelque chose pourrait être fait.

Günter Gaus : Votre arrestation fut-elle liée à ce travail ?

Hannah Arendt : Oui, j'ai été prise. Mais j'ai eu de la chance. On m'a libérée huit jours plus tard car je m'étais liée d'amitié avec le fonctionnaire qui m'avait arrêtée. C'était un gars tout à fait charmant ! De la police criminelle, il avait été promu à la division politique. Qu'était-il supposé faire ? Il me disait sans cesse : « D'ordinaire, lorsque j'ai quelqu'un en face de moi, une simple vérification de son fichier et je sais à quoi m'en tenir. Mais avec vous, que puis-je faire ? »

Günter Gaus : C'était à Berlin ?

Hannah Arendt : C'était à Berlin. Malheureusement, j'ai dû lui mentir. Je ne pouvais prendre le risque d'exposer l'organisation. Je l'ai abreuvé de belles histoires et il n'arrêtait pas de me dire « je vous ai mise là-dedans. Je dois vous en faire sortir. Ne prenez pas d'avocats ! Les juifs n'ont pas assez d'argent de nos jours. Gardez votre argent ! » Pendant ce temps, l'organisation m'avait trouvé un avocat, parmi ses membres bien sûr. Je l'ai renvoyé, car cet homme, celui-là même qui m'avait arrêté, avait un visage ouvert et honnête qui m'inspirait confiance et me faisait penser qu'il y avait là une bien meilleure chance qu'en prenant un avocat lui-même d'emblée apeuré.

Günter Gaus : Et vous avez été sortie d'affaire et avez quitté l'Allemagne ?

Hannah Arendt : Je me suis sortie d'affaire, mais cela ne m'a pas empêché de traverser la frontière clandestinement...car mon nom n'avait pas été lavé de tout soupçon.

Günter Gaus : Dans la correspondance que nous mentionnions plus tôt, Madame Arendt, vous rejetiez comme superflue l'exhortation de Sholem à garder toujours présent à l'esprit votre solidarité avec le peuple Juif. Vous écriviez – je vous cite à nouveau : « Être juive est un fait indubitable de ma vie, et je n'ai jamais souhaité y changer quoi que ce soit, même dans mon enfance. » Cela m'interroge à différents égards. Vous qui êtes née à Hanovre en 1906 d'un père ingénieur, et avez grandi à Koenigsberg, avez-vous des souvenirs de ce que cela pouvait être, pour un enfant dans l'Allemagne d'avant-guerre, de vivre dans une famille juive ?

Hannah Arendt : Il m'est impossible de vous apporter une réponse ayant valeur de vérité générale. Pour ce qui me concerne, je ne me souviens pas avoir appris que j'étais juive par ma famille. Ma mère était complètement irréligieuse.

Günter Gaus : Votre père est mort jeune.

Hannah Arendt : J'ai en effet perdu mon père très tôt. Tout cela paraît assez étrange. Mon grand père était président de la communauté juive libérale et conseiller municipal de Koenigsberg. Je viens d'une vieille famille de Koenigsberg. Pour autant, le terme « juif » n'était jamais utilisé lorsque j'étais petite. La première fois que j'y fus confrontée, ce fut à l'occasion de remarques antisémites – qui ne méritent pas d'être rapportées – proférées dans la rue par des enfants. C'est ce qui m'a, pour ainsi dire, « éclairée ».

Günter Gaus : Cela a-t-il été un choc pour vous ?

Hannah Arendt : Non.

Günter Gaus : Vous sentiez-vous spéciale ?

Hannah Arendt : C'est une toute autre question. Ce n'était pas du tout un choc pour moi. Je me disais que c'était ainsi. Avais-je le sentiment d'être spéciale ? Oui ! Mais je vais arrêter de m'étendre là-dessus pour aujourd'hui.

Günter Gaus : Dans quel sens vous sentiez-vous spéciale ?

Hannah Arendt : Objectivement, je serais d'avis de dire que cela était lié à ma judéité. Par exemple, je sus que j'avais l'air juive étant enfant – une enfant alors un peu plus âgée. Mon apparence était différente de celle des autres enfants. J'étais pleinement consciente de cela. Mais pas d'une façon qui m'inspire le sentiment d'être inférieure, c'était simplement un état de fait. Aussi bien ma mère que la maison familiale sortaient quelque peu, pour ainsi dire, de l'ordinaire. Tant de choses leur étaient spéciales, même en comparaison d'autres enfants juifs ou même d'autres enfants de la famille, de sorte qu'il m'était difficile, en tant qu'enfant, de réaliser ce qu'il pouvait juste y avoir de spécial.

Günter Gaus : J'aimerais quelques explications sur ce qu'il y avait de spécial dans cette maison familiale. Vous disiez que votre mère n'avait jamais jugé nécessaire d'expliciter votre lien avec la judéité jusqu'au jour où vous en avez fait l'expérience dans la rue. Le fait d'être juif n'avait-il plus de sens aux yeux de votre mère, ce que vous affirmiez pour vous-même dans votre lettre à Sholem ? Cela ne jouait-il plus aucun rôle pour elle ? Son assimilation était-elle parachevée ou du moins, le croyait-elle ?

Hannah Arendt : Ma mère n'avait pas beaucoup d'aptitude pour la théorie. Je ne crois pas qu'elle ait eu des idées particulières là-dessus. Elle était liée au parti Social-démocrate, du cercle du Sozialistiche Monatshefte, tout comme mon père. Cette question ne jouait aucun rôle pour elle. Bien sûr qu'elle était juive et elle ne m'aurait jamais fait baptiser ! Et je pense que j'aurais reçu une bonne paire de gifles aller-retour si elle avait découvert que j'avais nié être juive. C'était pour ainsi dire impensable. Hors de question ! Mais naturellement, la question était bien plus importante dans ma jeunesse pendant les années 20 qu'elle avait pu l'être pour elle. Et elle est devenue plus importante qu'auparavant pour ma mère lorsque j'ai grandi. Mais cela tient à des circonstances extérieures.

Par exemple, moi-même je ne crois pas m'être jamais considérée comme allemande – au sens du sentiment d'appartenance à un peuple et non au sens d'être citoyen, si je peux me permettre cette distinction. Je me souviens en avoir débattu avec Jaspers dans les années 30. Il me disait : « Bien sûr que tu es allemande ! » et je répondais « On peut bien voir que je ne le suis pas ! ». Mais cela ne me dérangeait d'aucune façon. Je ne le percevais pas comme une infériorité. Ce n'était d'ailleurs pas le cas. Et pour en revenir à ce qu'il pouvait y avoir de spécial dans la maison familiale : je peux dire que tous les enfants ont été confrontés à l'antisémitisme, et cela a empoisonné l'âme de beaucoup d'entre eux. La différence tenait au fait que ma mère était convaincue que l'on ne devait pas se laisser atteindre par cela. Il fallait se défendre ! Quand mes instituteurs tenaient des propos antisémites – des propos qui étaient destinés à d'autres filles juives plus qu'à moi-même, en particulier les élèves juives venant de l'Est – j'avais alors pour ordre de me lever immédiatement, de quitter la classe, et de rentrer à la maison pour rapporter les propos en question avec précision. Ensuite, ma mère écrivait une de ces nombreuses lettres et pour moi, le problème était réglé. J'avais un jour de congé et c'était merveilleux ! Mais si cela venait d'autres enfants, j'avais interdiction d'en parler à la maison. Cela ne comptait pas. On peut se défendre seul contre les autres enfants. C'est ainsi que ces questions n'ont jamais été un problème pour moi. Il y avait des règles de conduite grâce auxquelles j'ai pu conserver pour ainsi dire toute ma diginité tout en étant protégée, absolument protégée, à la maison.

Günter Gaus : Vous avez étudié à Marburg, Heidelberg, et Fribourg avec comme professeurs Heidegger, Bultman et Jaspers ; vous avez étudié principalement la philosophie, mais aussi la théologie et le grec. Comment en êtes-vous arrivée à choisir ces matières ?

Hannah Arendt : Vous savez, je me suis souvent posé la question. La seule chose que je puisse dire c'est que j'ai toujours su que j'étudierai la philosophie. Dès l'âge de 14 ans.

Günter Gaus : Pourquoi ?

Hannah Arendt : J'avais lu Kant. Vous devez vous demander pourquoi avoir lu Kant ? Pour moi la question pouvait se résumer en quelque sorte à dire : ou bien j'étudie la philosophie ou je n'ai plus qu'à me noyer pour ainsi dire sur le champ. Non que je n'aimasse pas la vie ! Non ! Mais comme je vous le disais – j'avais ce besoin de comprendre…et très tôt ce besoin était présent en moi. Voyez-vous, la bibliothèque de la maison était remplie de ces livres et il suffisait d'en prendre un sur l'étagère.

Günter Gaus : En dehors de Kant, avez-vous souvenir d'autres expériences particulières de lecture ?

Hannah Arendt : Oui. Tout d'abord, le *Psychologie der Weltanschauungen* [Psychologie des visions du monde] de Jaspers, publié je crois en 1920. J'avais 14 ans. Puis j'ai lu Kierkegaard et cela allait ensemble.

Günter Gaus : Est-ce à ce moment que la théologie est apparue ?

Hannah Arendt : Oui. Cela allait de pair, de sorte qu'il me semblait que ces deux sujets appartenaient l'un à l'autre. J'avais néanmoins quelques appréhensions quant à la façon dont on aborde la théologie lorsqu'on est juif…la façon dont il faut procéder. Je n'en avais pas la moindre idée vous savez. C'était pour moi une problématique compliquée qui s'est ensuite résolue d'elle-même. Le grec est une autre question. J'ai toujours aimé la poésie grecque et la poésie a toujours joué un rôle important dans ma vie. J'ai donc choisi le grec en plus. Le lisant de toute façon déjà, c'était chose aisée !

Günter Gaus : Je suis impressionné.

Hannah Arendt : Non, vous exagérez.

Günter Gaus : Vos dons intellectuels ont fait leur preuve à un âge si précoce Madame Arendt. En tant qu'écolière ou jeune étudiante, cela vous a-t-il, peut-être de manière douloureuse, coupé des relations usuelles du quotidien avec votre entourage ?

Hannah Arendt : Cela aurait pu être le cas si tant est que j'en eusse été consciente. Je pensais que tout le monde était ainsi fait.

Günter Gaus : À quel moment avez-vous réalisé qu'il n'en était rien ?

Hannah Arendt : Assez tardivement. Je ne veux pas vous dire à quel point car cela est embarrassant. J'étais en réalité incroyablement naïve. C'était en partie lié à l'éducation que j'avais reçu à la maison. On ne commentait pas mes notes. C'était perçu comme inférieur. Toute ambition était perçue comme telle. En tout cas, le problème n'était pas du tout clair pour moi. Mais parfois, cela me donnait l'impression d'une sorte de singularité par rapport aux autres.

Günter Gaus : Une singularité que vous pensiez venir de vous ?

Hannah Arendt : Oui, exclusivement. Mais cela n'est pas lié au talent et je n'ai jamais fait le lien entre les deux.

Günter Gaus : En résultait-il du dédain pour les autres étant jeune ?

Hannah Arendt : Cela a pu arriver en effet. Très tôt. Et j'ai souvent souffert d'avoir tant de dédain d'autant que je savais qu'il ne fallait pas, qu'on ne doit pas avoir de dédain pour les autres, et ainsi de suite.

Günter Gaus : Lorsque vous avez quitté l'Allemagne en 1933, vous êtes venue à Paris, où vous avez travaillé dans une organisation dont la mission était de subvenir aux besoins des jeunes juifs de Palestine. Pouvez-vous m'en dire davantage ?

Hannah Arendt : Cette organisation faisait venir des jeunes juifs vivant en Allemagne, âgés de 13 à 17 ans, en Palestine où ils étaient hébergés dans des kibboutz. Pour cette raison, je connais assez bien ces colonies.

Günter Gaus : Et ce, dès leur début ...

Hannah Arendt : Dès leur début ; j'avais alors beaucoup de respect à leur égard. Les enfants recevaient une formation professionnelle et des stages de remise à niveau scolaire. Il m'arrivait de faire venir clandestinement des enfants de Pologne. Il s'agissait d'une œuvre sociale tout ce qu'il y a de plus banal, un travail d'éducation en somme. Il existait de grands campements partout dans le pays où les enfants étaient préparés à partir en Palestine, recevaient des cours, apprenaient à cultiver la terre, et par-dessus tout prenaient des forces. Nous devions les habiller des pieds à la tête, leur préparer à manger et, surtout, leur donner des papiers et nous occuper des parents – et avant toute chose, il fallait rassembler les sommes nécessaires pour eux. Cette tâche m'incombait aussi en grande partie. Je travaillais avec des femmes françaises. C'est plus ou moins ce que nous faisions. Voulez-vous entendre comment j'ai pris la décision de m'engager dans ce travail ?

Günter Gaus : Je vous en prie.

Hannah Arendt : Voyez-vous, je venais d'un milieu purement universitaire. À cet égard, l'année 1933 me marqua durablement. J'en eus une impression d'abord positive qui devint ensuite négative. Ou devrais-je dire d'abord négative puis positive. Aujourd'hui, on pense souvent que les juifs d'Allemagne avaient été choqués en 1933 car Hitler était arrivé au pouvoir. Pour ce qui me concerne, et pour les gens de ma génération, je peux dire qu'il s'agit là d'un bien curieux malentendu. De toute évidence, l'ascension d'Hitler était néfaste. Mais c'était politique, ce n'était pas personnel. Nous n'avions pas besoin de la prise de pouvoir par Hitler pour savoir que les nazis étaient nos ennemis ! C'était flagrant, depuis au moins quatre ans, pour quiconque n'était pas un faible d'esprit. Et nous savions que nombre d'allemands les soutenaient. Cela ne pouvait nous choquer ou nous surprendre en 1933.

Günter Gaus : Voulez-vous dire que 1933 fut un choc dans la mesure où il ne s'agissait plus d'une affaire purement politique mais que cela devenait personnel ?

Hannah Arendt : Pas seulement. Ou cela aussi. En premier lieu, dès lors qu'on émigrait, ce qui appartenait au champ purement politique rejoignait un destin personnel. En second lieu...des amis se « co-ordonnèrent » ou se rallièrent. Le problème, qui était un problème alors personnel, n'était pas tant ce que faisaient nos ennemis mais ce que faisaient nos amis. La vague du *Gleichschaltung* (co-ordination), qui reposait sur une base relativement volontaire – dans tous les cas, pas encore sous la pression de la terreur – avait creusé un fossé entre nous. Je vivais dans un milieu intellectuel mais je fréquentais d'autres milieux. Et parmi les intellectuels, le *Gleichschaltung* était pour ainsi dire la règle. Ce qui n'était pas le cas dans les autres cercles de mes connaissances. Et je ne l'ai jamais oublié. Je quittais l'Allemagne avec cette idée fixe – bien sûr quelque peu exagérée : plus jamais ça ! Je ne m'engagerai plus jamais dans des affaires intellectuelles de quelque sorte que ce soit. Je ne veux plus rien avoir affaire avec ces gens. D'autre part, je ne pensais pas non plus que les juifs et les intellectuels juifs allemands auraient agit autrement si la situation dans laquelle ils se trouvaient alors avait été différente. Ce n'était pas mon point de vue. Je pensais que cela était lié à cette profession et au fait d'être un intellectuel. Je parle au passé. Aujourd'hui j'ai approfondi mon raisonnement...

Günter Gaus : J'allais justement vous demander si vous étiez toujours de cet avis aujourd'hui.

Hannah Arendt : Plus au même degré. Mais je pense toujours que l'intellectuel par essence élabore des idées sur tout. Quelqu'un qui devait prendre soin de sa femme et de ses enfants, personne n'allait lui reprocher de rejoindre le mouvement de la « coordination ». Mais le pire était que certaines personnes croyaient vraiment dans le nazisme ! Que ce fut pour un temps seulement voire même, pour la plupart, pour un temps très limité, il n'en demeurait pas moins qu'ils s'étaient fait des idées sur Hitler, des idées en partie d'un intérêt terrifiant ! Des idées à la fois fantastiques, intéressantes et sophistiquées ! Des idées bien au-dessus du niveau ordinaire ! Mais je trouvais cela grotesque. Mon avis aujourd'hui serait de dire qu'ils s'étaient pris au piège de leurs propres idées. Et c'est ce qu'il s'est effectivement passé, mais à cette époque, je n'étais pas aussi clairvoyante.

Günter Gaus : Et ce fut la raison pour laquelle il était devenu essentiel pour vous de sortir de ces cercles intellectuels et de vous engager dans un travail de nature pratique ?

Hannah Arendt : Oui, et le côté positif est le suivant : je me rendais compte de quelque chose que j'exprimais alors continuellement par cette phrase : « si on est attaqué en tant que juif, on doit se défendre en tant que juif ». Non pas en tant qu'allemand, non pas comme citoyen du monde, non comme défenseur des Droits de l'homme ou quoi que ce soit d'autre que la question : que puis-je faire de spécifique en tant que juif ? D'autre part, mon intention était clairement de rejoindre une organisation et, pour la première fois, je voulais travailler avec les sionistes qui étaient les seuls à être prêts. Il aurait été vain de rejoindre ceux qui s'étaient assimilés et qui plus est, je n'avais jamais vraiment eu quoique ce soit à voir avec eux. Même avant tout cela, la question juive m'intéressait. Au moment de quitter l'Allemagne, je venais de terminer le livre sur Rahel Varnhagen dans lequel la question juive y joue un rôle. Mon idée en l'écrivant était toujours « je veux comprendre ». Mes problèmes personnels, je ne les abordais pas en tant que juive. Mais, vraisemblablement, mon appartenance au judaïsme était devenue mon problème et il s'agissait d'un problème d'ordre politique. Purement politique ! Mon souhait était d'aller vers un travail d'ordre pratique qui soit exclusivement et uniquement un travail juif. C'est dans cet esprit que j'ai cherché du travail en France.

Günter Gaus : Où vous êtes restée jusqu'en 1940.

Hannah Arendt : Oui.

Günter Gaus : C'est ensuite, pendant la Seconde Guerre mondiale, que vous avez émigré aux Etats-Unis où vous êtes maintenant professeure de théorie politique et non de philosophie...

Hannah Arendt : Je vous remercie.

Günter Gaus : ... Vous avez commencé à Chicago d'abord. Vous vivez désormais à New York. Votre mari, que vous avez épousé en 1940 est aussi professeur aux Etats-Unis, de philosophie. La communauté académique à laquelle vous appartenez à nouveau, malgré la désillusion de 1933, est d'échelle internationale. Néanmoins, je m'interroge sur votre rapport à cette Europe de l'époque pré-hitlérienne à jamais disparue : vous manque-t-elle ? Lorsque vous vous rendez en Europe, avez-vous l'impression que certaines choses demeurent et que d'autres sont irrémédiablement perdues ?

Hannah Arendt : L'Europe de la période pré-hitlérienne ? Je ne la regrette pas, soyez-en assuré. Que reste-t-il ? Et bien la langue reste.

Günter Gaus : Et cela a beaucoup d'importance pour vous ?

Hannah Arendt : Oui, beaucoup. J'ai toujours consciemment refusé de perdre ma langue maternelle. Mais j'ai toujours gardé une certaine distance aussi bien avec le français que je parlais autrefois très bien, qu'avec l'anglais qui est la langue dans laquelle j'écris aujourd'hui.

Günter Gaus : Je voulais justement vous demander si vous écriviez désormais en anglais ?

Hannah Arendt : J'écris en anglais, mais j'ai toujours gardé le sentiment d'une certaine distance avec cette langue. Il existe une différence énorme entre la langue maternelle et une autre langue. Dans mon cas, je le formule assez simplement de la manière suivante : en allemand, je connais un nombre important de poèmes par cœur ; les poèmes sont toujours quelque part présents dans le fond de ma mémoire. Cela m'est devenu impossible aujourd'hui. Je fais des choses en allemand que je ne me serais jamais permise de faire en anglais. Non que je ne le fasse en anglais mais c'est à force d'audace, car d'une manière générale, j'ai toujours maintenu cette distance. La langue allemande est toujours restée quelque chose d'essentiel que j'ai toujours conservé consciemment intact.

Günter Gaus : Même dans les temps les plus amers ?

Hannah Arendt : Toujours. Je me disais : que peut-on y faire ? Après tout, ce n'est pas la langue allemande qui est devenue folle. Et par ailleurs, rien ne remplace la langue maternelle. Il est vrai qu'on peut l'oublier ; je l'ai en effet déjà observé chez certaines personnes. Des gens parlent mieux que moi d'autres langues qui ne sont pas leur langue maternelle. Je parle moi-même toujours avec un fort accent, et je n'utilise pas souvent d'expressions idiomatiques. D'autres personnes sont capables de le faire parfaitement, mais c'est une langue dans laquelle un cliché en chasse un autre car la productivité dont on peut faire preuve dans sa propre langue s'épuise lorsqu'on l'oublie.

Günter Gaus : Dans les cas de figure où la langue maternelle était perdue : pensez-vous que cela soit le fruit d'un refoulement ?

Hannah Arendt : Oui, très fréquemment. Il m'est arrivé de l'observer chez des gens qui avaient vécu un choc. Vous savez, ce qui fut décisif, du moins en ce qui me concerne, ne fut pas l'année 1933. Ce qui fut véritablement décisif fut le jour où nous avons appris l'existence d'Auschwitz.

Günter Gaus : Quand était-ce ?

Hannah Arendt : C'était en 1943. Et au début nous n'y avions pas cru – bien que mon mari et moi-même avions toujours dit que nous nous attendions à tout venant de ces assassins. Mais nous ne pouvions y croire car il nous semblait que cela allait à l'encontre de toute nécessité et de tout besoin militaire. Mon mari en sait quelque chose lui qui est un ancien historien militaire. Il me disait de ne pas être crédule et de ne pas prendre pour argent comptant ce qu'on pouvait raconter. Ils ne peuvent pas aller jusque là ! Et moins d'un an après nous devions nous rendre à l'évidence car nous en avions la preuve. Ce fut le vrai choc. Auparavant on se disait : et bien, on a des ennemis, quoi de plus naturel. Pour quelle raison un peuple n'aurait-il pas d'ennemis ? Mais là, c'était différent. C'était comme si un abîme s'était ouvert. Avant cela nous avions toujours l'idée que l'on pourrait toujours, d'une façon ou d'une autre, faire amende honorable, comme cela se produit toujours pour à peu près tout, à un certain point, en politique. Mais pas en cette occasion. *Cela n'aurait pas dû arriver*. Et je ne parle pas seulement du nombre de victimes. Je parle aussi de la méthode, de la fabrication industrielle de cadavres et ainsi de suite – je n'ai pas besoin d'aller plus loin. Cela n'aurait pas dû se produire. Il s'est produit quelque chose, à cet endroit, avec lequel nous ne pourrons pas nous réconcilier. Personne ne le pourra jamais. Nous avons eu des moments difficiles, je dois l'avouer : nous étions très pauvres, nous étions pourchassés, nous devions fuir et, coûte que coûte, nous devions nous en sortir par tous les moyens, et tout le reste qui allait avec. C'était ainsi. Mais nous étions jeunes et je ne peux pas nier que cela a pu être amusant. Mais pas ça. C'était quelque chose de tout à fait différent. Tout le reste, je pouvais personnellement l'accepter.

Günter Gaus : Je voudrais vous entendre, Madame Arendt, sur le jugement que vous portez sur cette Allemagne d'après guerre, une Allemagne où vous vous êtes souvent rendue et où vos travaux les plus importants ont été publiés. Dans quelle mesure ce jugement a-t-il évolué depuis 1945 ?

Hannah Arendt : Je suis retournée en Allemagne pour la première fois en 1949, au service d'une organisation juive pour la sauvegarde du patrimoine culturel juif, composé pour l'essentiel de livres. Je suis venue pleine de bonne volonté. Après 1945, mon point de vue était le suivant : quoi qu'il se soit passé en 1933, cela est tout à fait anodin à la lumière de ce qui s'est produit ensuite. Et pour être tout à fait franche, certainement la déloyauté de certains amis…

Günter Gaus : ... ce dont vous avez fait l'expérience à titre personnel...

Hannah Arendt : Bien entendu. Mais qu'il arrive que quelqu'un devînt nazi, écrivît des articles sur ce sujet, peu m'importait qu'il me fût déloyal personnellement. Je ne lui adressais de toute façon plus la parole. Il n'avait plus à rester en contact avec moi puisque, en ce qui me concerne et que cela soit bien clair, il avait cessé d'exister. Mais tous n'étaient pas des meurtriers. Certains s'étaient laissés prendre à leur propre piège, comme je le dirais aujourd'hui. Non qu'ils souhaitassent ce qui s'est produit ensuite. Il m'est ainsi apparu qu'il pouvait encore exister une base pour la communication dans l'abysse même d'Auschwitz. Et il en allait de même dans de nombreuses relations personnelles. Je me suis expliquée avec certaines personnes, et dans ce cas je ne suis pas particulièrement agréable ou polie ; je dis ce que je pense. Mais d'une certaine façon, nous remettions les pendules à l'heure avec de nombreuses personnes. Comme je le disais, il s'agissait surtout de personnes engagées dans le nazisme pour seulement quelques mois, quelques années tout au plus ; ni des meurtriers, ni des délateurs. C'étaient des personnes qui, comme je le disais, s'étaient « faites des idées » sur Hitler. Mais d'une manière générale, l'expérience la plus forte que l'on fasse en revenant en Allemagne – exception faite de l'expérience de reconnaissance qui constitue toujours le cœur de l'action dans la tragédie grecque - est celle d'une émotion violente. Et à cela s'ajoutait l'expérience d'entendre parler allemand à nouveau dans la rue. Ce fut pour moi une joie indescriptible.

Günter Gaus : Telle était votre réaction en revenant en 1949 ?

Hannah Arendt : Plus ou moins. Désormais, les choses reviennent à la normale et je ressens un plus grand détachement que lorsque je faisais l'expérience de tout cela dans un état d'intense émotion.

Günter Gaus : À votre avis, la situation est revenue trop vite à la normale ici ?

Hannah Arendt : Oui. Et souvent d'une façon qui n'emporte pas mon assentiment. Je ne m'en sens pas responsable. Je le vois de l'extérieur désormais, ce qui signifie que je me sens bien moins impliquée que je n'aie pu l'être auparavant. Il se peut que le temps ait fait son œuvre. Ecoutez, quinze ans ce n'est pas rien tout de même !

Günter Gaus : Ressentez-vous une plus grande indifférence ?

Hannah Arendt : Distance je dirais...indifférence est un terme trop fort. Il y a une forme de distance.

Günter Gaus : Madame Arendt, votre livre sur le procès d'Eichman à Jérusalem est paru cet automne en République fédérale. Depuis sa publication en Amérique, ce livre a fait l'objet de débats passionnés. Des objections ont été soulevées du côté juif en particulier, que vous dites n'être que le résultat d'un malentendu et en partie d'une campagne politique orchestrée. Par-dessus tout, les gens se sont sentis offensés par les questions que vous soulevez concernant la question de savoir si les juifs devaient accepter passivement les meurtres de masse perpétrés par les allemands, ou la collaboration de certains Conseils juifs qui constituerait une forme de complicité à part entière. En tout état de cause, votre livre suscite de nombreux questionnements pour élaborer un portrait d'Hannah Arendt, à commencer par celui-ci : la critique consistant à dire que votre livre manque d'amour pour le peuple Juif vous a-t-elle affectée ?

Hannah Arendt : Tout d'abord, en toute amitié, je dois vous dire que vous êtes vous-même victime de cette campagne. À aucun moment dans mon livre je n'ai reproché aux juifs de ne pas avoir fait preuve de résistance. Une autre personne l'a fait durant le procès d'Eichman, à savoir Monsieur Haussner du bureau officiel du procureur israélien. Ces questions étaient destinées à des témoins à Jérusalem, et je les ai qualifiées à la fois d'insensées et de cruelles.

Günter Gaus : J'ai lu votre livre et je sais tout cela. Mais certaines critiques à votre égard concernent le ton employé dans certains passages.

Hannah Arendt : Et bien, c'est une autre question. Que puis-je rétorquer ? À vrai dire, je ne veux pas y répondre. S'il y a des gens pour penser qu'on ne peut écrire sur ces choses là qu'en employant un ton solennel...voyez-vous, certaines personnes prennent mal que je puisse, par exemple, encore en rire – ce que je peux comprendre en un sens. Mais j'étais vraiment d'avis qu'Eichman était un bouffon. Pour tout vous dire, en lisant la retranscription de son interrogatoire de police, qui fait 3600 pages, toutes lues et avec attention, je ne peux vous dire combien de fois j'ai ri – et ri à gorge déployée ! Cette réaction a été mal perçue. Je ne peux rien y faire. Mais une chose est sûre : même trois minutes avant ma mort, je rirai probablement toujours. Certains l'imputent au ton de ma voix. Que le ton de ma voix soit essentiellement ironique, c'est tout à fait vrai. Dans ce cas, le ton de la voix est consubstantiel à la personne que je suis. Mais quand les gens me reprochent d'accuser le peuple Juif, il s'agit d'un mensonge malveillant, d'une propagande et rien d'autre. En revanche, le ton de ma voix est une objection à l'encontre de ma personne, et je ne peux rien y faire.

Günter Gaus : Êtes-vous prête à l'assumer ?

Hannah Arendt : Oui, volontiers. Que peut-on y faire ? Je ne peux pas dire aux gens : vous m'avez mal comprise et en vérité voilà ce qui se passe au fond de mon cœur. C'est ridicule.

Günter Gaus : À cet égard, je voudrais revenir sur des propos que vous avez tenus, qui sont d'ordre personnel. Vous avez dit : « Dans ma vie, jamais je n'ai 'aimé' aucun peuple ou groupe collectif, ni le peuple allemand, ni le peuple français ou américain, que ce soit la classe laborieuse ou quoi que ce soit d'autre. Je n'aime que mes amis, et le seul amour que je connaisse, et dans lequel je crois, est l'amour des personnes. D'autant qu'étant moi-même juive, cet 'amour des Juifs' m'aurait paru quelque peu suspect. » Puis-je vous poser une question ? L'homme, en tant qu'il est un être dont les actions sont politiques, n'a-t-il pas besoin de s'engager dans un groupe et cet engagement ne peut-il pas en quelque sorte être appelé de l'amour ? Ne craignez-vous pas que votre attitude puisse être politiquement stérile ?

Hannah Arendt : Non. Je dirais plutôt que c'est l'attitude inverse qui est stérile politiquement. L'appartenance à un groupe est dès le départ votre condition naturelle. Vous appartenez toujours à une forme de groupe de par votre naissance. Mais l'appartenance à un groupe dans le sens où vous l'entendez, revêt une autre signification : il s'agit de rejoindre ou de former un groupe organisé, ce qui est quelque chose de tout à fait différent. Cette forme d'organisation a partie liée avec le monde. Dès lors que les gens s'organisent, ils ont en commun ce qu'on appelle de manière usuelle des intérêts. Ce qu'on peut appeler l'amour est une relation directe et personnelle, qui existe avant tout dans le véritable amour, et en un sens aussi dans l'amitié. Ici, on aborde la personne directement, indépendamment de son rapport au monde. C'est ainsi que des gens de bords les plus opposés qui soient peuvent se trouver être des amis proches. Mais si vous faites une confusion entre ces deux choses, et que vous mettez l'amour sur la table des négociations, pour parler grossièrement, je trouve cela désastreux.

Günter Gaus : Cela vous semble apolitique ?

Hannah Arendt : Je trouve cela apolitique. Je trouve cela « sans monde » et je pense que c'est tout à fait désastreux. Je vous concède que le peuple Juif est l'exemple typique d'un peuple « sans monde » se maintenant depuis des millénaires…

Günter Gaus : « Monde » dans le sens « d'espace politique », pour reprendre votre terminologie.

Hannah Arendt : Dans le sens « d'espace politique ».

Günter Gaus : Le peuple Juif est ainsi un peuple apolitique ?

Hannah Arendt : Je ne le formulerais pas tout à fait ainsi car il existait aussi, bien entendu, des communautés qui étaient dans une certaine mesure politiques. La religion juive est une religion nationale. Mais le concept du politique ne valait qu'avec de grandes restrictions. Cette absence de monde dont les juifs ont souffert en étant dispersés, et qui a généré, comme pour tous les peuples parias, une chaleur toute particulière parmi ses membres, cela changea avec la création de l'Etat d'Israël.

Günter Gaus : Quelque chose s'est-il perdu alors, quelque chose dont vous regrettez la perte ?

Hannah Arendt : Oui, le prix de la liberté est élevé. L'absence de monde, qui faisait la spécificité de l'humanité juive, était quelque chose de très beau. Vous êtes trop jeune pour l'avoir connu, mais c'était quelque chose de très beau, cette façon de se tenir en dehors de toute convention sociale, l'ouverture d'esprit la plus totale et l'absence de préjugés dont j'ai fait l'expérience, en particulier avec ma mère qui l'a elle-même pratiqué avec la communauté juive dans son ensemble. Bien sûr, une grande partie de cela s'est perdue avec tout ce qu'il s'est passé. C'est le prix à payer pour la libération. J'ai dit une fois dans mon « Discours sur Lessing »...

Günter Gaus : ... à Hambourg en 1959...

Hannah Arendt : Oui, c'est là que j'ai dit que « Cette humanité ... n'a pas survécu au grand jour de la libération, et ne survivra pas cinq minutes à la liberté. » Vous voyez, c'est ce qui nous est aussi arrivé.

Günter Gaus : Vous voudriez changer le cours des choses ?

Hannah Arendt : Non. Je sais qu'on doit payer le prix de la liberté. Mais je ne peux pas dire que j'aime cela.

Günter Gaus : Madame Arendt, avez-vous le sentiment qu'il est de votre devoir de rendre public ce que vous avez appris de la spéculation politico-philosophique et de l'analyse sociologique ? Ou existe-t-il des raisons de garder le silence sur quelque chose que vous savez ?

Hannah Arendt : Oui, et c'est là une question très complexe. Au fond pour moi, c'est la seule question digne d'intérêt dans toute la controverse sur le livre d'Eichman. Mais à moins que je ne l'aie abordée moi-même, cette question n'a jamais été soulevée, et c'est pourtant la seule qui soit sérieuse – tout le reste n'est que pure soupe de propagande. Alors, *fiat veritas et pereat mundus* [laissons la vérité être dite même si le monde doit en périr] ? En vérité, le livre d'Eichman ne touchait pas *de facto* à de tels sujets et ne menace les intérêts légitimes de personne. On a seulement cru que c'était le cas.

Günter Gaus : Vous devez seulement laisser le débat ouvert sur ce qui est ou n'est pas légitime.

Hannah Arendt : Oui, c'est vrai, vous avez raison. Le débat sur la question de la légitimité est toujours ouvert. Je comprends le terme « légitime » probablement différemment des organisations juives. Mais admettons que de réels intérêts, dont je reconnais l'existence, étaient en jeu.

Günter Gaus : Devrions-nous alors taire la vérité ?

Hannah Arendt : Aurais-je dû ? Oui ! Ce qui est certain c'est que je l'aurais écrite...mais voyez-vous, quelqu'un m'a demandé : si j'avais anticipé telle ou telle chose, aurais-je écrit le livre d'Eichman différemment ? Et j'ai répondu que non. J'aurais été face à l'alternative suivante : écrire ou ne pas écrire. Car on peut tout aussi bien tenir sa langue.

Günter Gaus : Oui.

Hannah Arendt : Il n'est pas toujours nécessaire de parler. Mais cela nous ramène à la question de ce qu'on désignait au 18ème siècle « les vérités de faits ». Cela ne dépend pas des opinions des uns et des autres, il s'agit vraiment de vérités de faits. Les sciences historiques en sont les gardiennes au sein des universités.

Günter Gaus : Et cela n'a pas toujours été une réussite.

Hannah Arendt : Non. Elles s'effondrent, étant sous le joug de l'Etat. On m'a rapporté les propos d'un historien qui s'exprimait sur un livre au sujet de l'origine de la Seconde Guerre mondiale en ces termes : « Je ne laisserai pas salir la mémoire d'un moment si exceptionnel ! » Voilà un homme qui ne sait pas qui il est, mais peu importe. *De facto,* il est le gardien d'une vérité qui appartient à l'histoire, une vérité de fait. Et depuis l'histoire bolchévique par exemple, nous savons combien ces gardiens sont importants, cette histoire qui réécrivait les faits tous les cinq ans et les faits nous demeuraient inconnus : comme par exemple le fait qu'il existât un M. Trotsky. Est-ce ce que nous voulons ? Est-ce cela qui intéresse les gouvernements ?

Günter Gaus : Il se peut qu'ils y trouvent un intérêt. Mais peuvent-ils s'arroger ce droit ?

Hannah Arendt : Peuvent-ils se l'arroger ? Eux-mêmes ne semblent pas le penser – si tel était le cas ils ne toléreraient pas même l'existence des universités. Ainsi, même les Etats sont intéressés à la vérité. J'exclus ici les secrets militaires ; c'est autre chose. Mais ces événements remontent maintenant à une vingtaine d'années. Pourquoi ne devrions-nous pas dire haut et fort la vérité ?

Günter Gaus : Peut-être est-il encore trop tôt, même après 20 ans.

Hannah Arendt : C'est ce que beaucoup de gens disent ; d'autres pensent que discerner la vérité n'est plus possible après tant d'années. En tout état de cause, se disculper présente un intérêt, ce qui n'en fait pas pour autant quelque chose de légitime.

Günter Gaus : Dans le doute, vous faites le choix de la vérité.

Hannah Arendt : Je dirais plutôt que l'impartialité – qui est venue au monde quand Homère…

Günter Gaus : ... même pour les conquis...

Hannah Arendt : Tout à fait !

Wenn des Liedes Stimmen schweigen
Von dem überwundnen Mann,
So will ich für Hectorn zeugen...

[Si les voix du chant restent silencieuses
Pour lui qui avait été vaincu,
Je témoignerai moi-même pour Hector...]

N'est-ce pas ? C'est ce que fit Homère. Puis vint Hérodote qui raconta « les faits d'armes des Grecs et des barbares ». Toute science procède de cet esprit, que ce soit la science moderne aussi bien que les sciences historiques. Quelqu'un qui prétend aimer son peuple au point de ne lui rendre sans arrêt que des hommages flatteurs et d'en oublier toute impartialité – alors, c'est peine perdue. J'estime que ce ne sont pas des gens patriotes.

Günter Gaus : Dans l'une de vos œuvres les plus importantes, *La Condition Humaine*, vous arrivez à la conclusion, Madame Arendt, que la période moderne est marquée par la perte du sens de ce qui nous concerne tous, à savoir le sens du primat du politique. Vous désignez le déracinement, la désolation des masses et le triomphe d'un genre humain qui ne trouve satisfaction que dans le processus de travail et de consommation, comme relevant de phénomènes sociaux modernes. À ce propos, j'aurais deux questions à vous poser, et en premier lieu dans quelle mesure ce genre de connaissance philosophique dépend d'une expérience personnelle qui soit le point de départ du processus de pensée ?

Hannah Arendt : Je ne crois pas qu'aucun processus de pensée ne soit possible sans une expérience personnelle préalable. Toute pensée est avant tout arrière-pensée, c'est-à-dire reflet d'une question ou d'un événement. N'est-ce pas ? En tant que je vis dans un monde moderne, mon expérience se conçoit évidemment dans ce monde moderne et est celle de ce monde. Il n'y a pas de débat là-dessus. Mais la question de l'abnégation au travail et de la consommation triomphante est d'une importance cruciale car cela est révélateur d'une forme d'absence au monde. Les gens ne se préoccupent plus de savoir à quoi ressemble le monde.

Günter Gaus : Le « monde » entendu toujours comme l'espace d'où le politique tire son origine.

Hannah Arendt : Je l'entends désormais dans un sens beaucoup plus large, comme l'espace accueillant ce qui devient public, comme l'espace dans lequel on vit et qui doit être policé. Un monde duquel l'art jaillit bien sûr, dans lequel toutes sortes de choses se font jour. Vous vous souvenez de la tentative tout à fait décisive de Kennedy d'étendre l'espace public en invitant des poètes et autres laissés-pour-compte à la Maison Blanche, de sorte que tout cela appartiendrait désormais à cet espace. Mais dans le travail et la consommation, l'homme est ramené désespérément à lui-même.

Günter Gaus : Ramené au biologique.

Hannah Arendt : Au biologique et à lui-même. C'est là qu'apparaît la désolation. Une désolation toute singulière émerge du processus du travail. Je ne vais pas développer davantage maintenant car cela nous entrainerait trop loin. Mais il faut retenir que cette désolation consiste à nous ramener à nous-mêmes ; un état d'esprit dans lequel la consommation remplace pour ainsi dire toutes les autres activités véritablement liantes.

Günter Gaus : Une seconde question suit ce que vous venez de dire : dans *La Condition Humaine*, vous arrivez à la conclusion que « les expériences véritablement tournées vers le monde » - autrement dit, les jugements et les expériences de la plus haute signification politique – « disparaissent de plus en plus de l'horizon des expériences de la vie de l'homme moyen ». Vous affirmez qu'aujourd'hui « la capacité d'agir est cantonnée à un petit nombre de personnes. » Quelle signification, en termes politiques, cela peut-il avoir en pratique, Madame Arendt ? Dans ces circonstances, dans quelle mesure une forme de gouvernement qui repose, au moins en théorie, sur la responsabilité co-opérative de tous les citoyens ne devient-il pas une fiction ?

Hannah Arendt : Je voudrais quelque peu nuancer ce propos en ajoutant que cette incapacité à s'orienter de manière réaliste ne se retrouve pas uniquement parmi les masses mais à tous les niveaux de la société. Il en va de même pour l'homme d'Etat. L'homme d'Etat est entouré, encerclé même par une armée d'experts. De sorte que l'action n'est plus qu'une question qui se joue entre l'homme d'Etat et les experts. Il est du devoir de l'homme d'Etat de prendre la décision finale. Il ne peut que difficilement prendre cette décision de manière réaliste étant donné qu'il ne maîtrise pas, seul, tous les champs de la connaissance. Il doit se faire conseiller par des experts, qui en principe doivent continuellement se contredire. N'est-ce pas le cas ? Tout homme d'Etat raisonnable rassemble autour de lui des experts aux opinions contradictoires car il doit voir les enjeux sous toutes ses facettes. N'est-ce pas vrai ? Il doit se former un jugement, et ce jugement est un processus profondément mystérieux – il est la manifestation du sens commun. En ce qui concerne les masses, je dirais que partout où les hommes se rassemblent, quel que soit leur nombre, les intérêts publics entrent en jeu.

Günter Gaus : Depuis toujours.

Hannah Arendt : Et le champ du public est formé. Vous l'observez très clairement en Amérique où des associations existent toujours, qui se forment et se dissolvent spontanément – le genre d'associations dont parlait Tocqueville. Certains intérêts publics ne concernent qu'un groupe spécifique, dans un quartier ou même simplement une maison, dans une ville, à l'intérieur d'un autre type de groupe. Ensuite ces gens se rassemblent et sont capables d'agir de manière publique sur tous ces enjeux car ils en ont une vue d'ensemble. Vous ne faites référence qu'au plus haut niveau de la décision dans vos questions. Mais croyez-moi, la différence entre l'homme d'Etat et l'homme de la rue n'est en principe pas bien grande.

Günter Gaus : Madame Arendt, vous êtes restée en lien étroit avec Karl Jaspers, votre ancien professeur, avec qui vous avez maintenu un dialogue continu. Quelle fut, pour vous, l'influence la plus décisive qu'il ait eue sur vous ?

Hannah Arendt : Et bien, lorsque Jaspers prend la parole, tout s'illumine. Il n'a aucune réserve et est confiant, et il porte un discours sans concession que je n'ai connu de personne. Cela m'a impressionnée dès mon plus jeune âge. D'autre part, il lie liberté et raison d'une façon qui m'était complètement étrangère en venant à Heidelberg. Bien qu'ayant lu Kant, je ne savais rien de tout cela. J'ai vu, pour ainsi dire, cette raison en action. Et en quelque sorte, on peut dire que cela m'a éduquée – ayant grandi sans père. Je ne veux pas qu'il soit responsable de ma personne, grand Dieu non, mais si quelqu'un est parvenu à instiller du sens en moi c'est bien lui. Et bien entendu, ce dialogue est d'une toute autre nature aujourd'hui. Ce fut réellement l'expérience la plus puissante que j'ai vécue pendant la période d'avant-guerre. Que de telles conversations puissent exister ! Qu'on puisse parler ainsi !

Günter Gaus : Permettez-moi de vous poser une dernière question. Dans un hommage à Jaspers vous avez dit : « L'Humanité n'est jamais acquise dans l'isolement, ni même en donnant son travail au public. Seule une personne ayant jeté sa vie et sa propre personne dans 'l'aventure du domaine public' peut y parvenir. » Cette « aventure du domaine public » – qui sont les termes de Jaspers lui-même – quel sens cela a-t-il pour Hannah Arendt ?

Hannah Arendt : L'aventure du domaine public me semble claire. Il s'agit de s'exposer en tant que personne à la lumière du public. Bien que je sois de l'avis qu'on ne doive pas se montrer et agir en public en ayant conscience de sa propre personne, il est vrai que la personne s'exprime dans l'action comme dans aucune autre forme d'activité humaine. Parler est une forme d'action et c'est aussi une aventure. Une autre de ses formes serait de commencer quelque chose ; nous tissons nos liens dans un réseau de relations et nous ne savons jamais ce qu'il peut en ressortir. Nous avons tous appris à dire : Dieu pardonne-leur, ils ne savent pas ce qu'ils font. Il en va de même de toute action et cela est vrai assez simplement et concrètement, car nous ne *pouvons* pas savoir. C'est ce que signifie l'aventure. Maintenant, je dirais seulement que cette aventure est possible s'il y a de la confiance dans les gens. Une confiance, difficile à formuler mais néanmoins fondamentale, en ce qui est humain dans toute personne. Sans cela, une telle aventure ne serait pas possible.

Was bleibt ? Es bleibt die Muttersprache ? Entretien télévisé avec Günter Gaus, diffusé sur la seconde chaîne de télévision allemande, le 28 octobre 1964, dans le cadre de la série « Zur Person ». Le texte de cet entretie a paru pour la première fois dans le livre de Günter Gaus : *Zur Person. Porträts in Frage und Antwort*, Feder Verlag, Munich, 1964. Il a ensuite été reèris dans le recueil intitulé *Gespräche mit Hannah Arendt*, édité par Adelbert Reif, Piper and Co, Munich, 1976, p. 9-34.

Compréhension et Politique

Hannah Arendt

Il est communément admis que le totalitarisme ne peut être combattu sans le comprendre. Fort heureusement, ce n'est pas le cas ; si tel était le cas, ce serait sans espoir. La compréhension, en tant qu'elle se distingue d'une information correcte et d'une connaissance scientifique, est un processus compliqué dont les résultats ne sont jamais sans équivoque. C'est une activité sans fin par laquelle, à force de changements constants et de variations, nous parvenons à accepter la réalité, à nous réconcilier avec elle pour tenter d'être en phase avec le monde.

Le fait que la réconciliation soit inhérente à la compréhension a donné lieu à la mésinterprétation commune selon laquelle « tout comprendre c'est tout pardonner ». Pourtant, le pardon a si peu en commun avec la compréhension qu'il n'en est ni une condition ni une conséquence. Pardonner (certainement l'une des plus grandes facultés humaines et peut-être aussi l'une des plus audacieuses dans la mesure où il s'agit de tenter une chose apparemment impossible, à savoir de défaire ce qui a été fait et permettre un nouveau départ alors que tout semblait terminé) est une action singulière qui culmine dans un acte unique. Comprendre est sans fin, et par conséquent cela ne peut pas produire de résultats définitifs ; c'est une façon de vivre profondément humaine, car chacun a besoin de se réconcilier avec le monde dans lequel il est né et auquel, de par sa singularité, il restera toujours étranger. La compréhension commence à la naissance et se termine avec la mort.

Dans la mesure où l'avènement de gouvernements totalitaires constitue l'évènement central de notre époque, comprendre le totalitarisme n'est pas tolérer tout et n'importe quoi. Il s'agit de se réconcilier avec le monde dans lequel de telles choses sont tout à fait possibles.

De nombreuses personnes bien intentionnées veulent couper court à ce processus de compréhension, dans le but d'éduquer autrui et d'alerter l'opinion publique. Ces personnes pensent que les livres peuvent être des armes et que l'on peut se battre avec des mots. Mais les armes et le combat font partie du champs de la violence, et la violence, en tant qu'elle se distingue du pouvoir, est muette ; la violence commence là où s'arrête la parole. Utilisés pour se battre, les mots perdent leur qualité de parole ; ils deviennent des clichés. L'intensité avec laquelle les clichés se sont immiscés dans notre langage et nos débats de tous les jours semble donner la mesure non seulement de la façon dont nous nous dépossédons nous-mêmes de la faculté de parole, mais aussi de notre propension à faire usage de moyens autrement plus efficaces que les mauvais livres (et seuls les mauvais livres peuvent faire de bonnes armes) pour régler nos différends.

Toutes ces tentatives aboutissent à l'endoctrinement. En tant que tentative de comprendre, ce dernier transcende le domaine relativement plus solide des faits et des chiffres, et cherche à échapper à leur infinité ; en proposant un raccourci dans le processus transcendental de compréhension, processus qu'il interrompt de manière arbitraire par des énoncés apodictiques prononcés comme s'il s'agissait de données aussi fiables que des faits ou des chiffres, l'endoctrinement détruit toute activité de compréhension. L'endoctrinement est dangereux car il trouve sa source non pas dans la perversion de la connaissance, mais dans celle de la compréhension. De la compréhension résulte du sens, que nous produisons à travers le processus même de la vie, dans la mesure où nous tentons de nous réconcilier avec ce que nous faisons et ce dont nous souffrons.

L'endoctrinement ne peut qu'être un prolongement de la lutte totalitaire contre la compréhension et, dans tous les cas, introduit l'élément de violence dans l'ensemble du champ politique. Un pays libre en ferait un bien pauvre usage en comparaison de ce qu'en feraient une propagande et une éducation totalitaires ; en recrutant et en formant ses propres « experts », qui prétendent « comprendre » les informations factuelles en ajoutant une « évaluation » non-scientifique aux résultats de leurs recherches, l'endoctrinement ne fait rien d'autre que propager les éléments de la pensée totalitaire qui sont aujourd'hui présents dans toutes sociétés libres.

Ceci n'est cependant qu'un aspect de la question. La lutte contre le totalitarisme ne peut être remise à plus tard le temps de le « comprendre », car nous ne pouvons pas complètement le comprendre, ni même espérer y parvenir, tant qu'il n'a pas été définitivement éradiqué. La compréhension des phénomènes politiques et historiques, parce qu'ils sont si profondément et si fondamentalement humains, a quelque chose à voir avec la compréhension des personnes : qui *est* essentiellement une personne, on ne le sait qu'après sa mort (c'est la vérité qui ressort de l'adage *nemo ante mortem beatus esse dici potest*). Pour les mortels, il n'existe rien de définitif et d'éternel qu'après la mort.

Pour sortir de cette impasse, la facilité nous conduit à mettre sur le même plan gouvernement totalitaire et quelque mal bien connu du passé — comme l'agressivité, la tyrannie, les conspirations, etc. Là, semble-t-il, nous sommes sur des bases solides ; car en même temps que ces maux, nous pensons avoir hérité du passé la sagesse qui nous guidera. Mais cette sagesse héritée du passé présente ceci de problématique qu'elle meurt pour ainsi dire entre nos mains à chaque tentative d'application honnête aux principaux enjeux politiques de notre époque. Tout ce que nous savons du totalitarisme fait montre d'une terrible originalité, qu'aucun parallèle historique, même tiré par les cheveux, ne peut venir soulager. Nous pouvons passer à côté de son impact si nous décidons de ne pas concentrer notre attention sur sa nature même, mais plutôt de la laisser se dissoudre dans d'interminables connexions et similarités que certains principes de la doctrine totalitaire partagent nécessairement avec des théories familières de la pensée occidentale. Qu'il existe de telles similarités est inéluctable. Dans le champ de la théorie pure et des concepts isolés, il n'y a rien de nouveau sous le soleil ; mais de telles similarités disparaissent dès lors que nous délaissons les formulations théoriques pour nous concentrer sur leurs applications pratiques. Terrible est l'originalité du totalitarisme, non pas parce qu'une quelconque idée nouvelle se serait fait jour dans le monde, mais parce que ses actions constituent une rupture avec toutes nos traditions ; elles ont manifestement mis en pièce les catégories de notre pensée politique et les normes pour notre jugement moral.

Sans attendre de la compréhension qu'elle nous fournisse des résultats d'une utilité bien précise ou des sources d'inspiration dans notre lutte contre le totalitarisme, elle doit accompagner ce combat si on ne veut pas qu'elle se résume à une simple lutte pour la survie. Dans la mesure où les mouvements totalitaires sont apparus dans un monde non-totalitaire (en cristallisant ainsi des éléments présents dans ce monde, les mouvements totalitaires n'ayant pas été importés de la lune), le processus de compréhension est aussi manifestement, et peut-être essentiellement, un processus d'auto-compréhension. Car, alors même que nous connaissons à peine, et que nous ne comprenons pas encore, ce contre quoi nous nous battons, nous connaissons et comprenons encore moins ce pour quoi nous nous battons. Et la résignation, si caractérique de l'attitude de l'Europe pendant la dernière guerre, et si bien exprimée par un poète anglais lorsqu'il dit que « nous qui vivons de nobles rêves/défendons le mal contre le pire », cette résignation ne suffira plus. En ce sens, l'activité de compréhension est nécessaire ; bien qu'elle ne puisse jamais directement inspirer la lutte ni fournir d'objectifs qui font autrement défaut, c'est la seule façon de lui donner un sens et de préparer une nouvelle sagacité de l'esprit et du cœur humain qui, seulement une fois la bataille gagnée et seulement à ce moment, pourra peut-être entrer en jeu et s'exprimer librement.

La compréhension et la connaissance sont deux choses distinctes mais intrinsèquement liées. La compréhension est fondée sur la connaissance et la connaissance ne peut opérer sans une compréhension préliminaire, indistinctement formulée. Cette compréhension préliminaire dénonce le totalitarisme en tant que tyrannie et décide que le combattre constitue une lutte pour la liberté. Il est vrai que quiconque ne pourrait être mobilisé sur ces bases ne le sera probablement jamais. Cependant, beaucoup d'autres formes de gouvernement ayant renié la liberté - bien que jamais de manière aussi radicale que l'ont fait les régimes totalitaires - ce déni ne peut être la clé fondamentale de compréhension du totalitarisme.

Cependant, la compréhension préliminaire, tout aussi rudimentaire et même faiblement pertinente puisse-t-elle au final se révéler, sera certainement plus efficace que toute information fiable, toute analyse politique pertinente ou toute connaissance exhaustive et solidement documentée, pour empêcher les gens de rejoindre un mouvement totalitaire.

La compréhension précède et prolonge la connaissance. La compréhension préliminaire, à la base de toute connaissance, et la véritable compréhension qui la transcende, ont ceci de commun qu'elles donnent du sens à la connaissance. La description historique ou l'analyse politique ne peuvent prouver l'existence d'une *nature* ou d'une *essence* du gouvernement totalitaire, du simple fait qu'il existe une *nature* du gouvernement monarchique, républicain, tyrannique ou despotique. Cette nature spécifique est un présupposé de la compréhension préliminaire, présupposé sur lequel s'appuient les sciences, et cette compréhension préliminaire imprègne automatiquement toute la terminologie et le vocabulaire scientifique sans recul critique. La véritable compréhension en revient toujours aux jugements et préjugés qui ont précédé et guidé le questionnement purement scientifique. Les sciences peuvent seulement venir éclairer cette compréhension préliminaire et acritique, qui constitue leur point de départ, mais elles ne peuvent ni en apporter la preuve ni la réfuter. Si le scientifique, dupé par la tâche même de sa propre enquête, commence à se prendre pour un expert en politique et à mépriser la compréhension populaire d'où part son enquête, il perd immédiatement le fil d'Arianne du sens commun qui seul peut le guider sûrement dans le labyrinthe de ses propres résultats. D'autre part, si l'intellectuel veut transcender sa propre connaissance — et pour donner un sens à la connaissance, aucun autre moyen que de la transcender — il doit redevenir tout à fait humble et écouter de près le langage populaire, dans lequel les mots comme *totalitarisme* sont quotidiennement utilisés comme des préjugés politiques travestis en slogans, dans le but de rétablir le lien entre connaissance et compréhension.

L'usage populaire du mot totalitarisme comme moyen de dénoncer une sorte de mal politique suprême, n'a pas plus de cinq ans. Jusqu'à la fin de la Seconde Guerre mondiale, et même durant les cinq années qui l'ont suivie, le slogan pour désigner le mal politique était l'impérialisme. En tant que tel, il était généralement utilisé pour désigner l'agressivité en politique étrangère ; les termes semblaient à ce point identiques qu'ils pouvaient facilement être intervertis. De la même façon, le totalitarisme est utilisé de nos jours pour désigner la soif de pouvoir, la volonté de domination, la terreur, et une structure soi-disant monolithique de l'Etat. Ce changement est en soi digne d'attention. L'impérialisme est demeuré un slogan populaire bien après la montée du bolchévisme, du fascisme ou du nazisme ; de toute évidence, les gens avaient été dépassés par les évènements ou ne pensaient pas que ces nouveaux mouvements domineraient finalement tout un pan de l'histoire. Ce ne fut même pas une guerre contre le pouvoir totalitaire, mais seulement la chute effective de l'impérialisme (qui fut reconnue après la liquidation de l'Empire britannique et l'intégration de l'Inde dans le Commonwealth) qui pu faire admettre que le nouveau phénomène, le totalitarisme, avait supplanté l'impérialisme comme la question politique fondamentale de notre ère.

Toutefois, lorsque le langage populaire admet l'existence d'un nouvel événement en acceptant un nouveau mot, il continue pourtant d'utiliser invariablement les mêmes concepts comme synonymes d'autres maux anciens qui lui sont familiers – l'agressivité et la soif de conquête dans le cas de l'impérialisme, la terreur et la soif de pouvoir dans le cas du totalitarisme. Le choix d'un nouveau mot montre que tout le monde sait que quelque chose de nouveau et de décisif s'est produit, alors que l'utilisation qui s'en est suivi, à savoir l'identification d'un phénomène nouveau et spécifique avec quelque chose de familier et de plutôt général, montre la réticence à admettre que quoi que ce soit sortant de l'ordinaire se soit produit. Tout se passe comme si, dans un premier temps, en trouvant un mot nouveau à même de désigner une nouvelle force qui déterminera le cours de notre destinée politique, nous nous orientions vers des conditions nouvelles et spécifiques, alors que dans un second temps (et pour ainsi dire, après mûre réflexion) nous regrettions notre audace et nous nous consolions de ce que rien de pire ou de moins familier que l'immoralité humaine généralisée n'ait eu lieu.

Parce qu'il est l'expression d'une compréhension préliminaire, le langage populaire amorce un processus de véritable compréhension. Sa découverte doit toujours demeurer la base de la véritable compréhension si on ne veut pas qu'elle se perde dans une brume de pures spéculations – un danger toujours présent. Ce fut la compréhension populaire sans fondement critique plus que toute autre chose, qui poussa toute une génération d'historiens, d'économistes et de politologues, à mettre tous leurs efforts dans la recherche des causes et conséquences de l'impérialisme et qui, dans le même temps, les induit en erreur, les amenant à se représenter l'impérialisme comme la construction d'un empire, à la façon des Assyriens, ou des Egyptiens ou des Romains, et à mésinterpréter ses motivations sous-jacentes, les prenant pour une « soif de conquête », se figurant un Cécile Rhodes comme un second Napoléon et un Napoléon comme un second Jules César. De la même façon, le totalitarisme est devenu d'actualité comme sujet d'étude seulement depuis que la compréhension préliminaire le reconnait comme le sujet central et le danger le plus imminent du moment. À nouveau, les interprétations actuelles même au plus haut niveau académique, se laissent guider par la conception de la compréhension préliminaire : elles mettent sur le même plan domination totalitaire et tyrannie ou dictature d'un parti unique, quand elles ne se contentent pas tout bonnement d'éluder toute explication en la réduisant à des causes historiques, sociales ou psychologiques qui ne font sens que pour un pays, l'Allemagne ou la Russie. Il est évident que de telles méthodes ne font pas avancer les efforts vers la connaissance, car elles noient tout ce qui n'est pas familier, et qui nécessite d'être compris, dans un amoncellement de familiarités et de vraisemblances. Comme Nietsche l'a fait remarquer, il revient au champ du développement des sciences de « dissoudre le *connu* dans l'inconnu : - mais la science *veut* le *contraire* et cherche intuitivement à réduire l'inconnu à quelque chose de connu. »

Toutefois, l'effort de compréhension n'est-il pas devenu sans espoir si nous sommes véritablement face à quelque chose qui a détruit nos catégories de pensées et nos critères de jugement ? Comment peut-on mesurer une longueur sans mètre, comment peut-on compter sans la notion de nombres ? Peut-être est-il présomptueux de penser qu'il ait pu se produire quoi que ce soit que nos catégories ne soient en mesure de comprendre. Peut-être devrions-nous nous résigner à la compréhension préliminaire, qui trie tout de suite le nouveau de l'ancien, et à l'approche scientifique qui s'ensuit et qui déduit de manière méthodique ce qui est sans précédent du précédent, même si une telle description d'un nouveau phénomène diffère manifestement de la réalité. La compréhension n'est-elle pas si étroitement et intrinsèquement liée au jugement que l'on devrait les décrire tous deux comme la subsumation (du particulier sous une règle universelle) qui est selon Kant la définition même du jugement, et dont il a si remarquablement défini l'absence comme « stupidité », comme une « infirmité sans remèdes » ?

Ces questions sont d'autant plus pertinentes qu'elles ne témoignent pas seulement de notre embarras face à la compréhension du totalitarisme. Il semble que le paradoxe de notre condition moderne est que notre besoin de transcender la compréhension préliminaire et l'approche strictement scientifique provient de la perte de nos outils de compréhension. Notre quête de sens est à la fois provoquée et lésée par notre incapacité à faire naître du sens. La définition de Kant de la stupidité n'est d'aucune façon hors sujet. Depuis le début du siècle, la croissante ruine du sens s'est accompagnée d'une perte du sens commun. À bien des égards, cela nous apparaît comme une stupidité grandissante. Nous n'avons pas connaissance d'aucune civilisation avant la nôtre dans laquelle les gens étaient suffisamment crédules pour modeler leurs habitudes de consommateurs selon la maxime du « on n'est jamais mieux servi que par soi-même », postulat de base de toute publicité. De même, il est peu probable qu'aucun siècle avant le nôtre ait vu des gens se laisser persuader de prendre au sérieux une thérapie prétendant guérir à la condition que le patient donne une certaine somme d'argent à celui qui l'administre – si ce n'est dans une société primitive où le don d'argent possède un pouvoir magique en soi.

Ce qui est arrivé à nos habiles petites règles de l'intérêt personnel s'est reproduit à une bien plus grande échelle, dans toutes les sphères de la vie ordinaire qui, parce qu'elles sont ordinaires, doivent être régies par des coutumes. Les phénomènes totalitaires qui ne peuvent plus être compris dans les termes du sens commun et qui défient toutes les règles du « normal », qui est avant tout jugement utilitariste, sont seulement les exemples les plus spectaculaires de l'effondrement de la sagesse commune dont nous avons hérité. Du point de vue du sens commun, nul besoin de la montée du totalitarisme pour nous rendre compte que nous vivons dans un monde sens-dessous-dessous, un monde dans lequel nous ne pouvons pas trouver notre chemin en suivant les règles qui constituaient, fut un temps, le sens commun. Dans ces conditions, la stupidité dans le sens kantien est devenue l'infirmité de tous, et par conséquent ne peut plus être considérée comme « sans remède ». La stupidité est devenue aussi répandue que l'était autrefois le sens commun ; et cela ne signifie d'aucune façon qu'il s'agit d'un symptôme de la société de masse ni que les gens « intelligents » en sont exempts. La seule différence est que la stupidité demeure parfaitement inaudible chez les non-intellectuels et devient insupportablement choquante chez les gens « intelligents ». Parmi l'intelligentsia, on pourrait même dire que plus un individu est intelligent, plus sa stupidité, qu'il partage avec tous, est irritante.

L'histoire, semble-t-il, a fait justice à Paul Valéry, l'esprit le plus lucide de France, pays par excellence du « *bon sens* », en ce qu'il fût le premier à percevoir la faillite du sens commun dans le monde moderne, dans lequel les idées les plus communément admises ont été « attaquées, réfutées, piégées et dissoutes par les *faits* » et où nous assistons ainsi à un « genre de dissolution de l'imagination et une faillite de la compréhension ». Plus surprenante encore est la conviction qu'avait Montesquieu, dès le 18ème siècle, que seules les coutumes – qui, en tant que mœurs, constituent littéralement la moralité de toute civilisation – empêchèrent une spectaculaire déchéance morale et spirituelle de la culture occidentale. Certainement ne peut-il pas être compté parmi les prophètes de la fatalité, mais son froid et sobre courage n'a pas été égalé par les grands pessimistes du 19ème siècle.

La vie des peuples, selon Montesquieu, est gouvernée par les lois et les coutumes ; il distingue les deux en ce que « les lois gouvernent les actions des citoyens et les coutumes gouvernent les actions des hommes. » Les lois fondent le champ du politique dans la vie publique, les coutumes celui de la société. La chute des nations commence dès lors que la légalité est ébranlée, soit que le gouvernement en place abuse des lois, ou que la source de leur autorité devient douteuse et contestable. Dans les deux cas, les lois ne sont plus tenues pour valides. En résulte que la nation, de concert avec sa « croyance » en ses propres lois, perd sa capacité à engendrer une action politique responsable ; le peuple cesse d'être citoyen au sens propre. Ce qui reste alors (et qui accessoirement explique la fréquente longévité des corps politiques dont les forces vives se sont épuisées) ce sont les coutumes et les traditions de la société. Tant qu'elles restent intactes, les hommes en tant qu'individus privés continuent de se comporter selon certains schémas moraux. Mais cette moralité a perdu ses fondements. On peut se fier à la tradition pour empêcher le pire, mais seulement pour un temps limité. Tout incident peut venir détruire une moralité et des coutumes dont les fondements ne reposent plus sur la légalité, et toute contingence menace nécessairement une société qui n'est plus garantie par ses citoyens.

À propos de son époque et de son avenir proche, Montesquieu disait : « la majorité des nations d'Europe sont encore gouvernées par les habitudes. Mais si d'aventure, par un long abus de pouvoir, de larges conquêtes, le despotisme venait à s'établir à un moment donné, il n'y aurait ni d'habitudes ni de climat pour y résister ; et dans cette belle partie du monde, la nature humaine souffrirait, au moins pour un temps, les insultes qui lui ont été infligées dans les trois autres. » Dans ce passage, Montesquieu souligne les dangers politiques qu'encourt un corps politique dont la cohésion ne tient qu'à ses coutumes et ses traditions, c'est-à-dire seulement par la force de cohésion de la moralité. Les dangers pourraient venir de l'intérieur, par exemple par abus de pouvoir, ou de l'extérieur, par une agression. Il ne pouvait pas prévoir le facteur qui finalement provoquera l'effondrement des coutumes au début du 19ème siècle. Ce fut ce changement radical dans le monde qu'on appelle communément la révolution industrielle, probablement la plus grande des révolutions dont l'humanité fut témoin en un si court laps de temps ; en quelques décennies, elle transforma la face du globe plus radicalement que les trois mille ans d'Histoire auparavant dont nous avons la trace. En se remémorant les peurs de Montesquieu, énoncées presque cent ans avant que la révolution n'atteigne son plus puissant développement, il est tentant d'imaginer le cours que l'humanité aurait suivi sans l'impact de ce facteur absolument prépondérant. Une conclusion s'impose : ce grand changement s'était opéré dans un contexte politique où les fondements n'étaient plus stables, et s'est donc abattu sur une société qui, bien que toujours capable de comprendre et de juger, n'était plus en mesure de rendre compte de ses catégories de compréhension et de ses critères de jugements au moment où ils étaient sérieusement remis en cause. En d'autres termes, les peurs de Montesquieu, qui paraissent si étranges au 18ème siècle et auraient paru si banales au 19ème siècle, peuvent au moins nous fournir un début d'explication, non au totalitarisme ou à tout autre événement moderne spécifique, mais au fait dérangeant que notre grande tradition soit restée si farouchement silencieuse, si manifestement inapte à la réplique, lorsqu'elle était remise en cause par les questions « morales » et politiques de notre temps. Les sources elles-mêmes d'où ces réponses auraient dû jaillir s'étaient taries. Le cadre même d'où pouvaient émerger la compréhension et le jugement s'était disloqué.

Toutefois, les peurs de Montesquieu vont encore plus loin, et par là même se rapprochent ainsi encore davantage de nos préoccupations actuelles que ce que pourrait laisser croire le passage précédemment cité. Sa peur principale, qui préface son œuvre, dépasse la prospérité des nations européennes et le maintien de la liberté politique ; elle s'adresse à la nature humaine en tant que telle : « l'homme, cet être flexible, qui se penche sur les sentiments et les pensées des autres en société, est tout aussi capable de connaître sa propre nature quand on la lui montre, que d'en perdre jusqu'au sentiment si on la lui vole. » Pour nous qui sommes confrontés à la tentative totalitaire tout à fait réelle de dessaisir l'homme de sa nature sous prétexte de la changer, le courage de ces mots est comparable à l'audace d'une jeunesse prête à tout risquer en rêve car rien ne s'est encore produit pour donner aux dangers imaginés leur horrible et tangible réalité. Ce qui est envisagé ici dépasse la perte de la capacité d'action politique, condition centrale de la tyrannie, elle dépasse la ruine croissante du sens et la perte du sens commun (et le sens commun n'est que cette partie de notre esprit et cette part de notre sagesse dont nous avons hérité et qui est commune à tout homme dans toute civilisation) ; c'est la disparition de la quête du sens et du besoin de comprendre. Bien qu'à présent ils n'en fassent plus l'expérience, nous savons à quel point les peuples sous domination totalitaire ont été si proches d'être réduits à cette situation de déliquescence du sens la plus totale, par les moyens combinés de la terreur et d'un entraînement à la pensée idéologique.

Dans notre contexte, l'étrange et ingénieuse substitution du sens commun par une stricte logique, caractéristique de la pensée totalitaire, retient particulièrement notre attention. La logique n'est pas équivalente au raisonnement idéologique, mais elle révèle la transformation totalitaire à l'œuvre dans toute idéologie. S'il s'agissait d'une particularité des idéologies que de se servir d'une hypothèse scientifique – par exemple en biologie la survie du plus apte ou en histoire la survie de la classe la plus progressiste – comme d'une « idée » pouvant s'appliquer à tout le cours des événements, alors il s'agit d'une particularité de la transformation totalitaire que de pervertir l' « idée » pour en faire un postulat dans le sens logique du terme, c'est-à-dire une affirmation valant pour elle-même et dont tout le reste peut être déduit dans une implacable cohérence logique. (Ici en effet, la vérité devient ce que certains logiciens prétendent qu'elle est, à savoir la cohérence, à ceci près que cette équation implique en réalité de nier l'existence même de la vérité dans la mesure où la vérité est toujours censée révéler quelque chose, alors que la cohérence est seulement une manière d'accorder des affirmations entre elles, et ainsi n'a pas de pouvoir de révélation. En philosophie, le nouveau mouvement de la logique, développé à partir du pragmatisme, partage d'effrayantes affinités avec la mutation totalitaire des éléments du pragmatisme, inhérente à toute idéologie, en logique, coulant ses liens à la fois avec la réalité et l'expérience. Bien sûr, le totalitarisme procède d'une manière bien plus grossière, ce qui le rend de ce fait malheureusement bien plus efficace.) En politique, la distinction majeure entre sens commun et logique vient de ce que le sens commun présuppose un monde adapté à tous et dans lequel nous pouvons vivre ensemble parce que nous possédons tous un sens qui contrôle et ajuste toutes les données de nos sens à ceux des autres, alors que la logique, et toutes les évidences sur lesquelles se basent le raisonnement logique, peut prétendre à une fiabilité indépendamment du monde et de l'existence des autres. On a souvent observé que la validité de l'affirmation 2+2=4 vaut indépendamment de la condition humaine, ce qui vaut également pour Dieu et l'homme. En d'autres termes, chaque fois que le sens commun, sens politique par excellence, nous fait défaut dans notre besoin de compréhension, nous sommes bien trop vite enclins à le remplacer par la logique, car la capacité de raisonnement logique est commune à tous. Mais cette capacité humaine commune, qui fonctionne même dans des conditions de rupture complète avec le monde et l'expérience, et qui est rigoureusement « en nous », sans aucun lien avec quelque chose de « donné », est incapable de comprendre quoique ce soit et, laissée à elle-même, demeure tout à fait stérile. C'est seulement lorsque l'espace commun *entre* les hommes a été détruit, lorsque les derniers fragments de fiabilité qui restent consistent en des tautologies évidentes dénuées de sens, que cette capacité peut devenir “productive”, peut développer ses propres réflexions dont la caractéristique politique principale est qu’elles comportent en elles un pouvoir de persuasion impératif. Comparer la pensée et la compréhension avec ces opérations logiques revient à rabaisser la capacité de penser, capacité considérée, depuis des millénaires comme la plus grande des facultés de l’homme, à la réduire à son plus petit dénominateur commun, à un niveau où les différences expérimentées dans l’existence réelle n’ont plus aucune importance, pas même la différence qualitative entre l’essence de Dieu et l’homme.

Pour ceux qui s’engagent dans la quête du sens et de la compréhension, ce qui est effrayant dans la montée du totalitarisme n’est pas sa nouveauté, mais que cela a mis au grand jour la ruine de nos catégories de pensées et de nos critères de jugement. La nouveauté appartient au domaine de l’historien qui, contrairement au scientifique naturaliste préoccupé par des faits récurrents, traite d’événements qui ne se produisent qu’une seule fois. Cette nouveauté peut être manipulée si l’historien persévère dans la causalité et prétend pouvoir expliquer les événements par une série de causes qui y mènerait. Dès lors, il se pose en « prophète tourné vers le passé » dont le don de la véritable prophétie ne serait limité que par la regrettable finitude des aptitudes du cerveau humain, qui ne peut malheureusement pas contenir et agencer un ensemble de causes opérant au même moment. Cependant, la causalité est une catégorie trompeuse et complètement étrangère aux sciences de l’histoire. Non seulement le sens véritable de tout événement transcende toujours les « causes » du passé que l’on peut lui associer, quel qu’en soit le nombre (il suffit de penser à la disparité grotesque entre « cause » et « effet » dans un événement comme la Première Guerre mondiale) ; ce passé ne nait que de l’événement lui-même. C’est seulement lorsque quelque chose d’irrévocable s’est produit que l’on peut alors tenter de retracer son histoire. L’événement éclaire son propre passé, il ne peut jamais en être déduit.

L'histoire prend forme à chaque fois que survient un événement dont l'importance est suffisamment grande pour qu'il éclaire son propre passé. C'est seulement alors qu'émerge du dédale chaotique des événements passés un récit pouvant être racontée, car il a un début et une fin. Ce que révèle ces événements éclairants c'est un début dans le passé qui était jusqu'alors caché ; aux yeux de l'historien, l'événement éclairant ne peut apparaître que comme la fin de ce début nouvellement découvert. Lorsqu'un événement nouveau se produira dans l'histoire future, seulement alors cette « fin » se révélera être un début aux yeux des futurs historiens. Et l'œil de l'historien n'est que le regard de la compréhension humaine formé par les sciences ; nous ne pouvons *comprendre* un événement que comme la fin et l'aboutissement de tout ce qui a pu se passer avant, comme « réalisation d'une époque » ; ce n'est que dans l'action que nous continuerons tout naturellement notre chemin, en partant de la nouvelle donne produite par l'événement, autrement dit en la considérant comme un nouveau début.

Quiconque dans les sciences de l'histoire croit honnêtement en la causalité renie en réalité le sujet de sa propre science. Une telle croyance se dissimule dans l'application de catégories générales au cours des événements – comme par exemple celle du problème et de la réponse – ou dans la recherche de tendances générales qui sont supposées être les strates plus « profondes » d'où émergent les événements qui n'en seraient que les symptômes secondaires. De telles généralisations et classifications obscurcissent la lumière « naturelle » que l'histoire offre d'elle-même et, par là même, détruit l'histoire réelle, sa spécificité et son sens éternel, que chaque période historique doit nous raconter. Dans le système des catégories préconçues, dont la plus grossière reste la causalité, les événements, dans le sens de ce qui est irrévocablement nouveau, ne peuvent jamais se produire ; l'histoire sans événements devient la monotonie mortifère de l'uniformité, déployée dans le temps – le *eadeum sunt omnia semper* de Lucrèce.

De la même façon que, dans nos vies personnelles, nos pires peurs et nos plus grands espoirs ne nous préparerons jamais complètement à ce qui se produit en réalité – car du moment où un événement, même prévu, se produit, tout change – nous ne pourrons jamais être préparé à l'inépuisable littéralité de ce « tout », de sorte que tout événement dans l'histoire humaine révèle sous un paysage inattendu les actions humaines, les souffrances et les nouvelles possibilités qui, ensemble, transcendent la somme de toutes les intentionnalités et la portée de toutes les origines. C'est le rôle de l'historien de détecter ce *nouveau* inattendu et toutes ses implications quelque soit la période, et d'en extraire toute la puissance de sa portée. Il doit savoir que, bien que son récit ait un début et une fin, elle se déroule dans un cadre bien plus large, qui est l'histoire elle-même. Et l'Histoire est un récit qui a de nombreux débuts mais aucune fin. La fin, au sens le plus strict du mot, ne peut être que la disparition de l'homme sur terre. Car tout ce que l'historien appelle une fin, que ce soit la fin d'une période, ou d'une tradition ou de toute une civilisation, est un nouveau commencement pour ceux qui sont vivants. La méprise de toutes les prophéties de la fatalité tient à l'ignorance de ce fait, simple mais fondamental.

Pour l'historien, garder cela présent à l'esprit n'est pas un effort plus important que de prêter attention à ce que les français appelleraient sa « *déformation professionnelle* ». Puisqu'il s'intéresse au passé, c'est-à-dire à certains mouvements qui n'auraient même pas été détectés par l'esprit s'ils n'étaient pas parvenus à une sorte de fin, il suffit à l'historien de généraliser pour voir une fin (et une fatalité) partout. C'est tout bonnement naturel pour lui de voir l'histoire comme un récit avec de multiples fins, mais sans débuts ; et cette propension devient vraiment dangereuse seulement lorsque les gens – quelles qu'en soient les raisons – commencent à bâtir une philosophie à partir de l'histoire, telle qu'elle se présente aux yeux professionnels de l'historien. Pratiquement toutes les explications modernes de la prétendue « historicité » de l'homme ont subi des déformations du fait de catégories qui sont au mieux des hypothèses de travail opérantes pour ordonner les éléments du passé.

Heureusement, la situation des sciences politiques, dont on attend, dans leur sens le plus noble, qu'elles poursuivent la quête du sens et qu'elles répondent au besoin d'une véritable compréhension des données du politique, est bien différente. Les conséquences fondamentales que le concept de commencement et d'origine ont sur toute question strictement politique dérive du simple fait que l'action politique, comme toute action, est toujours essentiellement le commencement de quelque chose de nouveau ; en tant que telle, elle constitue, pour les sciences politiques, l'essence même de la liberté humaine. La position centrale que doit occuper le concept de commencement et d'origine dans toute pensée politique a été perdue depuis que l'on a permis aux sciences de l'histoire de transférer ses méthodes et catégories au champ de la politique. Cela allait de soi dans la pensée grecque, dans laquelle le mot *arche* signifie à la fois commencement et règle, et ce sens est encore prégnant aujourd'hui, bien qu'il soit généralement négligé par les interprètes modernes de la théorie du pouvoir politique de Machiavel, selon laquelle l'acte même de fonder, c'est-à-dire de commencer consciemment quelque chose de nouveau, requiert et justifie l'utilisation de la violence. Sa pleine et entière signification fut pourtant découverte par le grand penseur qui vécut pendant une période qui ressemble à bien des égards à la nôtre plus que toute autre dans l'histoire, et qui en tout cas écrivit dans un climat de fin de siècle apocalyptique qui ressemble peut-être à la fin à laquelle nous sommes parvenus. Augustin, dans son *Civitas Dei*, dit : « *Iinitium ergo ut esst, creates est homo, ante quem nullus fuit.* » (« Pour qu'un commencement soit, fut créé l'homme, avant qui il n'y avait personne »). Ici, l'homme a non seulement la capacité du commencement, il est lui-même ce commencement. Si la création d'un commencement dans l'univers de l'homme coïncide avec la création d'un commencement dans l'univers (et qu'est-ce d'autre sinon la création de la liberté ?), alors la naissance d'hommes en tant qu'individus constitue de nouveaux commencements et réaffirme le caractère origine-al de l'homme d'une manière que l'origine ne peut jamais complètement devenir une chose du passé ; et d'autre part, le fait même de l'inoubliable continuité de ces commencements se perpétuant à travers l'enchaînement des générations garantit une histoire sans fin, car c'est une histoire d'êtres dont l'essence est le commencement.

À la lumière de ces réflexions, notre effort pour comprendre quelque chose qui a détruit nos catégories de pensées et nos critères de jugement nous parait moins effrayant. Bien que nous ayons perdu nos mètres pour mesurer, et nos règles pour subsumer le particulier, un être dont l'essence est commencement devrait avoir suffisamment d'origine en lui-même pour comprendre sans catégories préconçues et pour juger sans les règles coutumières dont l'ensemble constitue la moralité. Si l'essence de toute chose, et en particulier de l'action politique, est de créer un nouveau commencement, alors la compréhension devient une autre facette de l'action, à savoir cette forme de cognition, distincte de toutes les autres, par laquelle les hommes d'action (et non pas ceux impliqués dans la contemplation d'une sorte de cours de l'histoire en progrès) peuvent finalement accepter ce qui s'est irrévocablement produit et se réconcilier avec ce qui existe et ce qui est désormais inéluctable.

En tant que tel, comprendre est une bien étrange entreprise. En fin de compte, il se peut qu'elle ne fasse rien de plus qu'énoncer explicitement et confirmer ce que la compréhension préliminaire avait pressenti dès le début - laquelle est, consciemment ou non, toujours directement engagée dans l'action. Elle ne reculera pas devant ce cercle, et sera au contraire consciente que toute autre conclusion serait tellement éloignée de l'action, dont elle n'est qu'une autre facette, qu'elle ne pourraie être vraie. Au cours de son application, elle n'évitera pas non plus ce cercle que les logiciens appellent « vicieux » et pourrait même en cela ressembler à la philosophie dont les grandes pensées tournent toujours en rond, impliquant ainsi l'esprit humain dans rien de moins qu'un interminable dialogue entre lui-même et l'essence de tout ce qui est.

En ce sens, la prière du Roi Salomon, qui s'y connaissait à n'en pas douter en action politique, demandant à Dieu de lui faire don d'un « cœur compréhensif », le plus grand des dons qu'un homme puisse recevoir et désirer, pourrait encore s'appliquer à nous. Aussi éloignée du sentimentalisme que des tâches administratives, le cœur humain est la seule chose au monde qui pourra porter le fardeau que le don divin de l'action - à savoir d'être le commencement et ainsi d'être capable de créer le commencement - fait peser sur nous. Salomon pria pour ce don particulier car il était un Roi et savait que seul un « cœur compréhensif », et non la pure réflexion ni le pur sentiment, nous rendrait supportable la vie avec les autres dans le même monde, autres à jamais étrangers, et leur permettrait à eux de nous supporter.

Dans des termes plus proches de notre discours actuel (mais difficilement plus précis), nous pourrions nommer ce que le langage biblique appelle le don d'un « un cœur compréhensif », la faculté d'imagination. À la différence du fantasme qui se berce de rêveries, l'imagination se concentre sur l'obscurité propre au cœur humain et sur l'étrange densité qui entoure tout ce qui est réel. À chaque fois que nous parlons de la « nature » ou de l' « essence » d'une chose, nous parlons en réalité de ce noyau le plus profond, dont nous ne pouvons jamais être certain de l'existence tant nous sommes fait d'obscurité et de densité. La véritable compréhension ne se lasse pas d'interminables dialogues et de « cercles vicieux » car elle fait confiance à l'imagination pour finalement apercevoir au moins un éclat de la lumière toujours inquiétante de la vérité. Distinguer l'imagination et la fantaisie et mobiliser son pouvoir, n'implique pas que la compréhension des affaires humaines devienne une tâche « irrationnelle ». Au contraire, ainsi que le dit Wordsworth, l'imagination « est un autre nom pour ... vision plus claire, amplitude d'esprit, /Et Raison dans son aspect le plus exalté. »

Seule l'imagination nous permet de voir les choses sous leur vrai jour, de mettre à une certaine distance ce qui est trop proche de sorte que nous puissions le voir et le comprendre sans biais et préjugés, nous permettant de franchir les abysses de l'éloignement qui nous en sépare pour nous faire voir et comprendre tout ce qui est trop loin de nous comme s'il s'agissait de nos propres affaires. Cette « distanciation » de certaines choses et le franchissement des abysses pour aller vers les autres fait partie du dialogue de la compréhension, pour lequel l'expérience directe établit un contact trop proche et la pure connaissance érige d'artificielles barrières.

Sans cette forme d'imagination, qu'est en réalité la compréhension, nous ne serions jamais capable de trouver nos repères dans le monde. C'est le seul compas intérieur que nous ayons. Nous sommes des contemporains seulement là où notre compréhension s'étend. Si nous voulons être chez nous sur terre, même au prix de l'être avec notre siècle, nous devons tenter de prendre part à l'interminable dialogue avec son essence.

Traduction d'un texte paru dans *Partisan Review*, juillet-août 1953.

Postface : notes issues du travail de traduction

Justine Audrain

Il semble qu'en lisant ces écrits d'Hannah Arendt, le lecteur pourra puiser dans ces mots la force d'une pensée qui dépasse la réalité d'une époque et les événements d'une histoire passée. Il semble même qu'en parcourant ces phrases, l'intangible vérité des concepts et des termes, rejoigne la tangible réalité de notre quotidien. De la découverte de ces étranges résonnances, le lecteur ne peut que sortir plus riche... mais aussi plus perplexe. Confronté à l'injonction de comprendre et de se réconcilier avec son siècle, le lecteur contemporain entend-t-il cette exhortation avec la même puissance qu'une contemporaine d'Auschwitz ?

Il apparaît que tout au moins, quiconque s'accompagne de cette pensée n'est jamais seul. Dans une société qui vit des maux décrits comme cette « solitude des masses », une société sortant d'une période totalitaire ayant détruit ses critères de jugement, ses catégories de pensée et *in fine* l'espace commun entre les hommes, Arendt implique le lecteur dans un processus de compréhension, seul en mesure de faire naître du sens quand tout a disparu. Dans une démarche que l'on pourrait qualifier de « féminine » tant il est vrai que l'entretien avec Günter Gaus lui renvoie une condition qu'elle-même ne revendique pas comme une spécificité (bien que reconnaissant qu'elle est aussi « son problème »), elle s'adresse au lecteur sans complaisance certes, mais toujours avec bienveillance. Cette lecture est donc un processus, un doux réveil qui aiguise la pensée, ouvre les yeux et même, peut enchanter le lecteur attentif par sa valeur euristique.

Ces notes sont ainsi issues du travail de traduction, riche en réflexions sur notre période actuelle, marquée par les extrêmismes, la médiatisation banalisée de la violence des corps, des événements, des mots. Face à la banalité, la recherche du sens des mots qui est l'objet de cette traduction prend tout son sens au regard de la pensée de cette grande théoricienne.

Cette recherche se confond avec une quête métaphysique dans laquelle la pleine et entière actualité de sa pensée semble se dessiner.

Compréhension et auto-compréhension

Il ne s'agit pas seulement, dans ces extraits de saisir les origines du totalitarisme mais aussi, suivant une tâche encore humble mais non moins essentielle, de « préparer une nouvelle sagacité de l'esprit et du cœur humain ». Son propos dépasse ainsi le simple constat et, dans un élan qui puise sa force dans les sciences politiques et non dans la philosophie qu'elle présente dans ces textes comme une sorte de tautologie spéculative, elle cherche les dynamiques à l'œuvre dans les corps sociaux et politiques. Surtout, elle cherche le sens, par la compréhension ; ce sens qui est en quelque sorte 'le sel de la vie', présent dans le processus même de vie qui le produit et qui est en constant renouvellement. Sa découverte et sa quête constante est, pour Hannah Arendt, au cœur de la vie des hommes qui pensent et jugent. L'art, l'imaginaire, mais aussi l'espace public, le politique, en sont des vecteurs desquels jaillit du sens et qui, nous y reviendrons, sont au cœur même du processus de compréhension et de l'action. Arendt critique les méthodes modernes consistant à « donner une somme d'argent à celui qui administre la cure ». Avec ce ton ironique, voire sarcastique qu'elle revendique et que le lecteur peut garder à l'esprit quand le doute d'une phrase un peu franche et directe le déstabilise, elle se penche sur ces thérapies en comparant nos sociétés aux sociétés primitives qui donnaient au don une signification magique.

Dans nos sociétés modernes et occidentales, glorifiant l'individu et sa spécificité dans la masse confuse des individualités, dans lesquelles la recherche du « moi » et l'expression du « je » prennent une importance telle que les méthodes les plus variées sont vendues dans cette unique perspective – pensons aux méthodes comportementales ou analytiques, au voyage envisagé comme solution à toutes les frustrations du monde réel, aux calmants et tranquillisants, solution finale du régime thérapeutique à ce point consciemment et volontairement généralisée qu'elle devient la norme - Hannah Arendt parle d'une auto-compréhension, rappelant que la compréhension des faits historiques et politiques d'une époque est aussi, et avant tout, celle des hommes : il revient donc à l'homme de « prendre part à l'interminable dialogue avec son essence », à savoir la compréhension, seule façon selon elle d'être présent au monde, à soi et dans son siècle.

Il semble que ce soit une condition de l'homme libre, qui s'oppose à cet homme dont elle décrit la condition, à savoir d'être constamment ramené à lui-même dans le processus de travail et de consommation dont elle parle dans son entretien avec Günter Gaus et dans *La Condition de l'Homme Moderne (The Human Condition)* publié cinq ans avant la parution de cet entretien. Hannah Arendt exprime cette liberté à son ami journaliste, qui la questionne sur sa condition de femme. Hannah Arendt se place dans une perspective non pas féministe mais profondément libre (de toute convention genrée notamment) rétorquant qu'elle-même n'a toujours fait que ce qu'elle aimait faire. Cela ne l'empêchera pas d'ailleurs de faire le choix de la féminité selon Hans Jonas, dans son approche comme dans ses manières. Une remarque qui donne une caractérisation genrée à la démarche d'Hannah Arendt, non moins intéressante puisqu'elle ouvrirait la voie d'une « compréhension intuitive ». Une approche qui serait novatrice en tout cas pour l'époque, peu de femmes ayant atteint ce degré de reconnaissance. Reconnaissance d'un genre donc et de ses qualités, qui s'efface toutefois dès lors que l'on reconnaît, à l'instar de Hans Jonas, la pensée de l'auteure et sa vocation universelle.

Faculté critique et judéité

Cette liberté se retrouve dans son ton. Une liberté de ton qui lui a valu, de l'aveu de Günter Gaus, de nombreuses critiques. Injustifiées pour Arendt, qui se défend de n'avoir voulu vexer personne tout en reconnaissant ne pas partager le point de vue des gens qui ne parlent de « ces sujets » (à savoir le totalitarisme et la période hitlérienne) que sur un ton solennel. Cette liberté de ton, elle semble la puiser d'un apprentissage de cette « disposition à l'auto-critique » qu'elle lie notamment à sa fréquentation des organisations sionistes et à son enfance dans un milieu juif qu'elle qualifie positivement de « sans monde », déconnecté de « toutes conventions sociales », marquée par « l'ouverture d'esprit la plus totale et l'absence de préjugés ». Elle nous enseigne quelque chose d'une culture, mais plus avant, fait montre d'une pensée sans concession, qu'elle dit avoir tant admiré chez son ancien professeur et ami Karl Jaspers.

Ces textes nous renseignent aussi sur le lien entretenu par Hannah Arendt avec la judéité : un lien qu'elle-même ne revendique pas, allant jusqu'à repousser les exhortations de Sholem à être solidaire du peuple juif. Pour autant, cette appartenance religieuse, voire essentiellement culturelle, Arendt semble, dans sa conversation avec Gaus, la redécouvrir sous l'influence des événements de l'histoire, comme une nécessité à répondre aux menaces du nazisme en tant que juive. Faisant toujours d'ailleurs une distinction claire entre le personnel et le général, son appartenance n'est reconnue qu'autant qu'elle est politique : « mon appartenance au judaïsme était devenue mon problème, et il s'agissait d'un problème politique. Purement politique ! » Dès lors, l'appartenance religieuse semble devenir secondaire. L'appartenance au judaïsme même ne naît que de la nécessité d'un engagement politique, face aux événements de 1933 et de ce qui s'ensuivit. L'appartenance à un groupe, ici, n'est exigée que dans l'adversité ; cela nous rappelle ainsi que bien des Juifs de cette époque ont découvert leur judéité dans le regard ennemi et malveillant du nazisme, telle une étoile posée arbitrairement sur une poitrine. Une situation qui a, en quelque sorte, des résonnances actuelles tant on peut se demander si ce qu'on appelle négativement « communautarisme » ne serait pas en réalité le reflet du regard des autres, vécu comme redécouverte d'une appartenance dans le rejet.

L'homme né du totalitarisme

En tout état de cause, pour le lecteur exégète ou simple amateur, ces écrits poussent au questionnement ce qui, pris avec méthode, reste ce processus de compréhension dont elle déploie elle-même l'exemple le plus probant. Cette compréhension, Arendt la lie à la « compréhension préliminaire » qui est cette capacité présente en tout homme de comprendre sans connaissance et sans y avoir au préalable réfléchi logiquement. Cette compréhension préliminaire des choses est pour Hannah Arendt à la base de toute connaissance et à l'origine d'une compréhension plus aboutie, la « véritable compréhension ». Pour elle, l'intellectuel se fait bien souvent avoir à son propre piège en oubliant de la prendre en considération dans ses propres réflexions.

L'oublier, la déformer ou s'en abstraire revient à ne plus faire preuve de ce « sens commun », dont la perte anéantit toute réelle faculté de jugement et de pensée, et laisse imaginer le pire.

Elle qui a lu Kant, parle de cette stupidité qui se répand parmi les hommes, condition de l'homme moderne qui a perdu toute faculté de jugement moral. L'homme, qu'elle décrit en 1953, est cet individu en lutte avec l'histoire récente, encore présente dans les esprits, du totalitarisme. Hannah Arendt souligne ici l'importance de la langue, et l'apparition dans le langage courant de ce nouveau terme qui remplace l'impérialisme, sans pour autant qu'on en comprenne encore toute la spécificité et les implications pour l'homme moderne. Cet homme a été victime d'un endoctrinement, qu'elle définit comme cette forme de logique implacable qui se justifie par elle-même et qui devient « impérative ». Il a perdu toutes ses « catégories de jugement », ces normes et règles qui aiguillent la compréhension immédiate des choses par les individus et sont présentes à priori dans la morale.

Mais Arendt témoigne ici de la mise en pièce de ces catégories de jugements moraux et surtout de la sagesse commune que l'on retrouve dans la tradition : il s'agit bien de cette ruine du sens commun, qui est cette partie de la compréhension et qui s'exprime notamment, en société, dans les coutumes. Face aux phénomènes totalitaires, « exemples les plus spectaculaires de l'effondrement de la sagesse commune dont nous avons hérité », le sens disparait et avec lui, la quête du sens et de la compréhension. Mais ne nous méprenons pas, ces éléments de la pensée totalitaire ne sont pas l'apanage d'une dictature des années cinquante. Tout en soulignant l'unique spécificité du régime totalitaire, Hannah Arendt nous dit qu'ils existent en germe dans toutes les sociétés libres, dans les clichés, dans le discours des experts qui donnent un faux semblant de scientificité à leur recherche en oubliant de prendre du recul face à leurs propres préjugés, à leur propre biais, prenant ainsi la forme d'idéologies, devenant endoctrinement. Le totalitarisme et le nazisme de l'Allemagne de 1933 à 1945 en sont les exemples les plus aboutis, qui mèneront à la « fabrication industrielle de cadavres » dont Arendt fait mention. Mais cela nous pousse à rester attentif face à cette réalité rampante dont nous ne sommes pas conscients, pris dans l'engrenage des réalités médiatisées et de la vitesse des informations, sauf à prendre le recul, la distance et le temps nécessaires pour comprendre.

L'importance de la langue

Arrive ici la question de la langue et l'importance des mots qui irriguent les textes de Arendt. Son langage est riche et précis, parfois sinueux et complexe, mais toujours juste et rigoureux. Il témoigne de ce que la pensée ne se satisfait pas de la facilité et résonne en nous comme un appel à revenir au sens des mots, dans un monde envahi par le langage du texto et du tweet. Après le nazisme, après l'apocalypse hitlérienne, le déracinement et l'exil, que reste-il ? Arendt répond la langue. Cette langue maternelle qui lui revient dans les poèmes appris à l'époque par cœur, apprentissage qui ne peut souffrir la dénaturation par la langue étrangère, toujours distante du cœur, ce cœur compréhensif qui fait la richesse, nous le verrons, de la vie humaine pour Hannah Arendt.

Dans notre monde toujours plus ouvert et où les « anglicismes » ne se reconnaissent plus tant ils sont devenus partie intégrante de notre langage au fil du temps, Arendt souligne l'importance du sens des mots et leur signification profonde, au-delà de leur usage courant. Face aux clichés, aux discours officiels, et potentielles propagandes véhiculées par les médias aussi bien que par les réseaux sociaux (qui, sous couvert de démocratisation, ne sont que l'expression populaire de pensées déjà construites socialement et médiatiquement), il revient au lecteur de réfléchir au sens des mots. Une injonction que Hannah Arendt ne manque pas de rappeler au pourtant réputé journaliste qu'est Günter Gaus au sujet du procès Eichmann, lui qui se serait fait prendre au piège d'une propagande malveillante. Hannah Arendt ne fait pas de concessions, pas même avec son ami journaliste. Elle nous pousse à toujours rester éveillés et en contact avec le sens profond des mots, terreaux fertiles où se développent les racines d'une pensée féconde s'ils sont bien entretenus, et à garder présent à l'esprit la dénaturation dont il font l'objet dans diverses réalités.

Condition de l'homme moderne

Car il est vrai que Arendt ne s'adresse pas seulement à l'homme issu de la période totalitaire hitlérienne. Elle s'adresse à *La Condition de l'Homme Moderne*, titre de son ouvrage dont il est question dans la dernière partie de son entretien avec Günter Gaus. Cet homme dont elle parle en 1964, soit près de 10 ans après la publication de *Compréhension et Politique*, est un homme désespérément seul, sans cesse « ramené à lui-même », résultat de « l'abnégation au travail » et de la « consommation triomphante » qui constituent pour Hannah Arendt des « phénomènes sociaux modernes ».

Propos à forte valeur euristique, le travail et la consommation rimant aujourd'hui encore et peut être plus que jamais, dans l'inconscient collectif aussi bien que dans certains discours publics, avec perte de sens et perte de la quête de sens, douce rengaine du « métro, boulot, dodo ». La perte de la quête du sens en particulier est une menace considérable en ce qu'elle est le propre de l'homme, comme le souligne Hannah Arendt : voilà l'homme déshumanisé, le travailleur « lobotomisé » des Temps Modernes, cette « monade isolée » dont parlait Karl Marx, dans un monde urbanisé et anonymisé. Cet homme là ne se préoccupe plus de ce que devient le monde et par là même, ne se préoccupe plus des autres qui l'entourent, prenant l'objet comme fin et non moyen de contact avec l'autre, comme ce portable rivé à la main. Dans ce monde là, l'œuvre est absorbée toute entière dans le travail et dans l'abnégation du quotidien. En perdant ce qui le rendait vivant, à savoir cette quête de sens, il n'entend plus son cœur, ce « cœur compréhensif » qui est pour Hannah Arendt, un don divin seul en mesure de nous rendre « supportable la vie avec les autres dans le même monde, autres à jamais étrangers ».

Hannah Arendt nous apprend que cet abandon de la recherche du sens n'est pas seulement le propre de l'homme moyen : elle l'est aussi de l'homme d'Etat qui s'entoure d'experts, ne pouvant plus assimiler seul toutes les données d'un monde moderne de plus en plus complexe. Cet homme d'Etat et cet homme moyen se retrouvent dans cette perte du sens et du sens commun, se laissant absorber par le flux de connaissances, sans emprise sur le réel. Ils s'éloignent ainsi des « expériences véritablement tournées vers le monde », autrement dit de tout ce qui constitue les liens avec les autres en société, ce qu'on pourrait appeler aujourd'hui le « lien social », la « solidarité », la « cohésion sociale », etc. En résumé, Günter Gaus souligne « cette perte de sens de ce qui nous concerne tous, à savoir le sens du primat du politique ».

Le politique et l'imaginaire comme horizons

Cette critique peut sembler paradoxale pour une femme qui a refusé de s'engager dans un parti, et n'a accepté de s'impliquer dans une organisation sioniste qu'en tant qu'œuvre sociale et poussée par la nécessité des événements. Mais le politique est ici pris au sens « noble » du terme. Le politique, Hannah Arendt le décrit comme « espace public », ce « monde » où les choses de la vie publique s'expriment, les intérêts collectifs aussi bien que l'art, et où nous vivons et agissons. Surtout, c'est dans cet espace que la compréhension préliminaire peut se déployer, par la parole par exemple, qu'elle définit comme une forme d'action, à travers l'imagination qui est cette « Raison dans son aspect le plus exalté », dit-elle en citant le poète Wordsworth.

La faculté d'imagination en particulier, doit s'entendre comme cette forme de compréhension préliminaire qui permet à l'homme d'être en contact avec lui-même et le monde qui l'entoure, sans en avoir peur. De la même façon, nous voyons aujourd'hui se développer, autour du thème de ce qu'on nomme aujourd'hui l' « innovation », des expériences de villes imaginaires, thèmes de nombreuses réflexions dans le cadre par exemple des dernières campagnes pour *Réinventer Paris*. Cette imagination, loin d'être irrationnelle, nous rapproche de la vérité et nous donne à voir une « volonté à l'œuvre », qui se réalise concrètement dans l'œuvre d'art et qui nous rend le futur présent.

Que ce soit par l'imagination, la parole, l'engagement citoyen ou communautaire, cet espace politique redevient alors cet espace d'échange et de partage où l'humanité s'invente et, surtout, se réinvente. Cet espace serait en quelque sorte ce qu'on appelle aujourd'hui « la société civile », sous toutes ses formes, celle qui a vu naître les Printemps Arabes, les mouvements des Indignés, ou dans une forme plus institutionnalisée, le Parti Pirate en

Allemagne, pouvant être à la fois citoyenneté du monde, communauté numérique, ou milieux associatifs, communautaires...planétaires, etc. Cet espace nous semble si polymorphe qu'il en devient impalpable ; mais pour Arendt, il s'agit de la nature propre de l'homme – et c'est ce qui la rend profondément optimiste – qui est d'être en perpétuel recommencement et comme l'explicite Hans Jonas, d'être un « être capable de commencer quelque chose de nouveau en agissant dans le monde. Ce recommencement est donc une naissance, cette « natalité » qui fait partie de la pensée politique d'Hannah Arendt et que le texte de Jonas met en lumière. C'est une naissance à soi-même, reconnaissance de l'individualité de chacun qui n'est pas interchangeable, comme dirait la philosophe contemporaine Cynthia Fleury. C'est aussi donc la possibilité d'une naissance au monde et à l'autre reconnu comme altérité.

Cette capacité de l'humanité à être un infini commencement coupe court aux polémiques sur les fins attendues de l'histoire, sur notre déchéance programmée, annonces que l'on entend aujourd'hui dans les discours scientifiques les plus alarmistes sur le réchauffement climatique par exemple. Elle ouvre de nouveaux horizons pour l'homme en société : c'est que « l'Humanité n'est jamais acquise dans l'isolement » pour reprendre les termes de Jaspers cités par Günter Gaus. Les mots de Hannah Arendt soulignent la beauté de l'action politique : cette « aventure du domaine public » qui n'est possible qu'en faisant confiance à l'autre. Ces mots semblent être de nature à redonner espoir à l'homme du XXIème siècle, et, aussi, ouvre les yeux sur la responsabilité collective, des hommes d'Etat, décideurs, dirigeants de tous bords et de toute organisation, aussi bien de l'homme croisé dans la rue, du voisin et de l'ami, face à la nécessité de regarder cet autre, à commencer par cet étranger venu de Syrie ou d'Erythrée aussi bien que le laissé-pour-compte qui mendie dans le métro. C'est donc la confiance dans l'homme qui conclut le dialogue approfondi de la grande théoricienne des sciences politiques et du journaliste et qui pourrait constituer une réponse à la question posée par Hans Jonas à la fin de son texte : sans confiance, pas d'aventure humaine possible !

Déjà parus aux éditions **ETEROTOPIA** FRANCE

collection rhizome

• Alberto Magnaghi
LA BIORÉGION URBAINE
PETIT TRAITÉ SUR LE TERRITOIRE COMME BIEN EN COMMUN

• Tiziana Villani
PSYCHOGÉOGRAPHIES URBAINES
CORPS, TERRITOIRES ET TECHNOLOGIES

• Voina (sous la direction de Tiziana Villani et Camilla Pin)
VOINA
ART/POLITIQUE

• Thierry Paquot
LE VOYAGE CONTRE LE TOURISME
avec une préface de Marc Augé

• **Andrea Fumagalli**
LA VIE MISE AU TRAVAIL
NOUVELLES FORMES DU CAPITALISME COGNITIF
avec une préface de Christian Marazzi

• **Matthew Gandy**
ÉCOLOGIE QUEER
NATURE, SEXUALITÉ ET HÉTÉROTOPIES

• **Lewis Mumford**
LES BROWN DECADES
ÉTUDE SUR LES ARTS AUX ÉTATS-UNIS 1865-1995

À PARAÎTRE aux éditions **ETEROTOPIA** FRANCE

• **Stany Cambot pour Echelle Inconnue**
VILLES NOMADES
HISTOIRES CLANDESTINES DE LA MODERNITÉ

rhizome
www.eterotopiafrance.com

Dépôt légal: Novembre 2015

Achevé d'imprimer par l'imprimerie:
Universal Book Srl
via Botticelli, 22 - 87036 Rende (CS) - Italie
Tel. **+39 0984 408929**
www.universalbooksrl.com